동양란 입문

● 동양란 가꾸기를
  시작하려는 분들을 위한 알기 쉬운 재배법
● 백영관 편저

전원문화사

동양란 명품 감상—춘란편—

萬壽 (만수)

紅天之花(홍천지화)

雪月花(설월화)

南紀(남기)

紫寶(자보)

宋梅(송매)

西神梅(서신매)

舞蝶(무접)

汪笑春(왕소춘)

唐紫苞(당자포)

如意素(여의소)

동양란 명품 감상—한란편—

紅奴(홍노)

日光(일광)

翠璋(취장)

榮光(영광)

동양란 명품 감상— 석곡편 —

石斛(석곡)

동양란 명품 감상— 풍란편

風蘭(풍란)

명화(名花) 명품(名品)을 구입하기 전에 ─

◯ 책머리에

  신령스럽고 기묘한 아름다움을 간직한 꽃의 빛깔과 모습 그리고 선명한 설백·노랑·녹색이 빚어내는 천변만화의 잎무늬 ─ 동양란은 보는 사람을 대번에 매료시키는 신비적인 아름다움이 있다. 특히 동양인의 전통적인 미의식에, 이토록 걸맞게 대응해 주는 원예 식물은 달리 찾아보기 어렵다. 동양란을 즐기는 사람, 가꾸어 보고 싶은 사람이 해마다 늘어나는 것도 이 때문이다.
  그 반면,「난 기르기는 어쩐지 까다로운 것 같아서!」라고 생각하는 사람도 적지 않은 듯하다. 그러나 우선 기초적인 지식과 배양 기술을 알아두고, 비교적 튼튼하고 성질이 좋은 것부터 시작하면 동양란이라 해도 결코 재배하기 어려운 것이 아니다. 경험을 쌓으면 차츰 자신이 붙게 마련이다.
  그러한 예비지식을 걸쳐 어느 단계에 이르러서야, 자신이 좋아하는 명화(名花)·명품(名品)을 입수하는 것이 늦은 과정 같으나 실은 난 가꾸는 법의 향상을 위한 지름길이다.
  이 책은 처음 동양란을 키워 즐기는 사람을 위해 배양법의 포인트와 각종 동양란의 대표적인 품종을 전부 컬러 사진으로 소개하고 해설을 가한 것이다. 명화(名花)·수화(秀花)의 이름 높은 꽃을 있는 그대로의 상태, 또한 섬세 극치의 잎 모양을 눈으로 즐기면서, 본서를 가지고 가꾸는 첫걸음을 내디더 보시기 바란다. 동양란 중에는 하루에 불과 2~3시간의 햇빛으로도 잘 자라는 종류도 있어, 실내의 그린 인테리어로서 어느 곳에서나 즐길 수 있다. 푸르름이 적어지는 우리들 현대 생활의 장에, 안온함과 윤택함을 가져다 줄 것이다. 본서가 그러한 도움을 주고자하는 바이다.

편자 識

● 차 례

컬러 화보 2
머리말 19

동양란을 처음 가꾸는 사람에게 23

동양란이란 24
동양란의 종류 24
동양란의 성질 24
동양란의 매력과 즐기는 법 26
사계절을 즐길 수 있는 꽃 26
변화가 풍부한 잎의 멋(葉藝) 26
매우 튼튼한 동양란 26
동양란을 구입할 때는 30
구입하기 전에 30
언제 구입하면 좋은가 30
난 식별법과 고르는 법 30
여러 가지 구입법 32
가꾸는 법 포인트 33
어떤 장소에서 키우면 좋은가 33
온실이 아니라도 키울 수 있다 33
난 진열대 만드는 법 34
온실을 만들 때는 35
계절별 생육과 손질 36
각종 용구와 사용법 37
재배에 필요한 도구 37
용토 38
난 분 고르는 법 40
비료를 줄 때는 40
병충해는 사전의 방제가 중요하다 41
분갈이 · 포기나누기 43

동양란의 대표종 45

춘란(春蘭) 46
紅陽(홍양) 46
金華山(금화산) 47
東之光(동지광) 48
光琳(광림) 49
天香紅(천향홍) 50
紫寶(자보) 51
天紫晃(천자황) 52
日輪(일륜) 53
鯨波(경파) 54
鳳凰殿(봉황전) 55
軍旗(군기) 56
靜觀(정관) 57
信濃之花(신농지화) 58
輪波之花(윤파지화) 58
錦波(금파) 58
춘란을 가꾸는 포인트 60
중국춘란(中國春蘭) 62
西神梅(서신매) 62
大富貴(대부귀) 63
龍字(용자) 64
綠雲(녹운) 65
余胡蝶(여호접) 66
朱瞬醉(주순취) 66
富水春(부수춘) 66
南山雪素(남산설소) 68
玉山素(옥산소) 68
頌春(송춘) 69
중국 춘란을 가꾸는 포인트 70
한란(寒蘭) 72
慕情(모정) 72
幽光(유광) 73
한란을 가꾸는 포인트 74
혜란(蕙蘭) 76
鶴之華(학지화) 76
桑原晃(상원황) 77
養老之松(양로지송) 78
瑞晃(서황) 79
瑞玉(서옥) 79
蓬萊之華(봉래지화) 80
鳳(봉) 81
朝陽(조양) 81
혜란을 가꾸는 포인트 82

금릉변란(金陵邊蘭) 84
芙蓉錦(부용금) 84
千代田錦(천대전금) 85
常盤錦(상반금) 86
月章(월장) 87
금릉변란을 가꾸는 포인트 88
석곡(石斛) 90
紅雀(홍작) 90
金鶴(금학) 91
紅木田(홍목전) 91
紅小町(홍소정) 92
於多賀黃覆輪(어다하황복륜) 92
金牡丹(금모란) 93
銀龍(은룡) 94
富士丸(부사환) 94
大同縞(대동호) 94
昭代(소대) 96
紫宸殿(자신전) 96
蜀光錦(촉광금) 96
天賜丸(천사환) 96

紫金城(자금성) 98
黑牡丹(흑모란) 98
天女冠(천녀관) 98
金兜(금두) 98
석곡을 가꾸는 포인트 100
풍란(風蘭) 102
慶賀(경하) 102
御簾影(어렴영) 103
織姬(직희) 104
天惠覆輪(천혜복륜) 104
水晶覆輪(수정복륜) 104
西出都(서출도) 106
東出都(동출도) 107
雪山(설산) 107
青海(청해) 108
玉金剛(옥금강) 108
朝鮮鐵(조선철) 108
풍란을 가꾸는 포인트 110
■ 동양란의 주요 용어 112
■ 고전에서 찾아본 사계절 난 가꾸기 114

동양란이란

동양란이란, 우리 나라와 중국, 일본, 대만의 온대(溫帶)에서 아열대(亞熱帶)에 걸친 지방을 원산지로 하는, 원예종인 난에 붙여진 이름이다. 이에 반해 열대산의 난은 주로 서양란(洋蘭)이라 부른다. 같은 동양산이라도 필리핀, 태국, 인도 등 열대 아시아 원산의 난을 서양란에 넣는 것도 이 이유에서이다.

동양란, 서양란이라는 것은, 식물학상의 분류가 아니라 들어온 역사나 재배법 등이 확실히 다르기 때문에, 원예적으로 구분하여 부르는 명칭이 일반화한 것이다.

동양란에는 상당한 내한성이 있어, 특별한 설비가 없어도 재배할 수 있으므로 옛부터 많이 재배되어 왔다. 그런데 서양란은 대부분이 열대 원산이므로 우리 나라에서는 월동을 위해 보호가 필요하며, 이 점이 재배상의 큰 차이점이다.

♣ 동양란의 종류

동양란의 원예 품종은 3천 종류가 넘는다고 하는데 식물학적으로 대별하면 ① 심비디움속, ② 덴드로비움속, ③ 앵그레컴속의 세 가지 계통으로 분류할 수가 있다. 그것을 원예적으로 그룹을 나누면 심비디움속이 주체가 되며,

① 한국, 일본, 중국의 춘란, 한란, 혜란, 금릉변란(심비디움속)
② 석곡(덴드로비움속)
③ 풍란(앵그레컴속)

의 7종이 인기가 있어, 특히 애호가가 많다.

또한 춘란에는 꽃의 모양과 색깔의 다채로운 변화를 즐기는 '꽃란(花物)'과 잎의 얼룩이나 줄무늬의 갖가지 아름다움을 주로 관상 대상으로 하는 '잎무늬란(柄物)'이 있어 재배법도 달라진다. 중국 춘란과 한란은 주로 꽃란이다.

혜란, 금릉변란, 석곡(石斛), 풍란(風蘭)은 거의가 잎무늬란에 속하는데 그 무리 중에는 꽃 모양이나 꽃 색깔이 훌륭한 품종도 있고, 더구나 방향(芳香)도 즐길 수 있는 것도 있다.

♣ 동양란의 성질

춘란, 한란, 혜란, 금릉변란은 대체로 햇빛이 잘 드는 구릉지대나 저지대의 낙엽 수림에서 자생하는 것이 보통이다. 즉, 봄부터 초가을에 걸쳐서는, 주위에 무성한 나무의 잎에 의해 강한 직사 광선이 차단되기 때문에 비교적 서늘하고, 경사가 졌기 때문에 배수가 잘 되는 환경에서 자란다. 가을부터 겨울 동안은

떨어진 나뭇잎이 난의 포기 밑둥을 덮어주어, 심한 추위에도 잘 월동한다.

석곡(石斛)과 풍란(風蘭)은 산간의 바위 표면이나 큰 나무의 가지 줄기에 뿌리를 내리고 생육한다. 이른바 착생란의 일종이다. 뿌리의 과습을 싫어하며 공중 습도가 높은 장소를 좋아하는 성질인데, 겨울에는 잎이나 뿌리가 직접 추위에 닿게 되므로 되도록 수분을 방출하여 동결을 방지하면서 휴면시킨다.

난 재배에는 우선 자생지에서의 생활 상태를 염두에 두고, 각각의 성질에 적합한 더위나 추위라는 자연적인 변화를 어느 정도 부여해 주고, 여름의 물크러짐이나 과습을 방지해 준다.

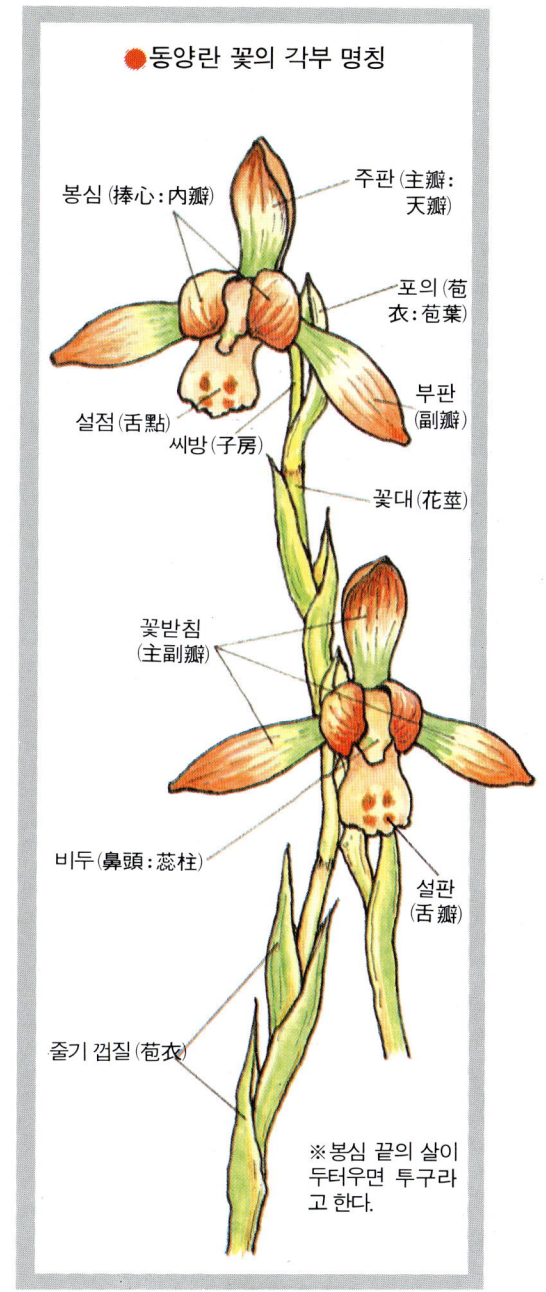

●동양란 꽃의 각부 명칭

봉심(捧心:內瓣)
주판(主瓣:天瓣)
포의(苞衣:苞葉)
부판(副瓣)
설점(舌點)
씨방(子房)
꽃대(花莖)
꽃받침(主副瓣)
비두(鼻頭:蕊柱)
설판(舌瓣)
줄기 껍질(苞衣)

※봉심 끝의 살이 두터우면 투구라고 한다.

동양란의 매력과 즐기는 법

상쾌한 잎이 그려내는 부드러운 선, 영묘하기 그지없는 꽃 모양과 색채, 참으로 우미(優美) 수려(秀麗)하다라는 표현이 딱 어울리는 것이 동양란이다. 서양적인 화려함은 없으나, 그 이름처럼, 동양적인 신비함을 느끼게 하는 식물이라 말할 수 있다.

일단, 동양란을 가꾸기 시작하면 중도에서 다른 식물로 바꾸어 배양하는 사람은 거의 없다고 한다. 왜냐하면, 그 한없는 매력과 묘미의 심오함을 떨쳐버릴 수 없기 때문이다.

♣ 사계절을 즐길 수 있는 꽃

같은 동양란이지만 종류에 따라 꽃이 피는 시기가 달라 거의 1년 내내 끊임없이 꽃을 즐길 수 있는 것도 다른 식물에는 없는 큰 매력이다.

즉, 춘란, 중국 춘란(一莖一花)은 2월~4월, 중국 춘란(一莖九花)은 3월~5월, 석곡은 5월~6월, 풍란은 6~7월, 한란은 10월~1월이 화기(花期)이다.

꽃을 감상하는 방법으로는, 꽃잎(花瓣)의 주판(主瓣) 세 잎의 크기가 균등하며, 봉심(捧心)인 내판(內瓣) 두 잎이 합쳐져 맨 끝이 두터운 것을 가장 아름다운 꽃 모양으로 친다.

♣ 변화가 풍부한 잎의 멋(葉藝)

춘란의 잎무늬란(柄物), 혜란, 금릉변란 등은 아름다운 잎 모습을 1년 내내 바라볼 수가 있다. 더구나 광택이 있는 진녹색을 비롯하여 넓은 잎, 가는 잎, 주걱 잎과 같은 엽성(葉性)이나 갓줄무늬(覆輪), 속줄무늬, 얼룩무늬(虎斑), 그물무늬(蛇皮斑) 등 실로 각양 각색의 변화를 보여준다.

잎무늬란이나 꽃란은 그 종류가 많다. 자기가 좋아하는 어느 한 종류를 선택하는 것도 좋으며, 여러 가지로 변화를 주어 가꾸는 것도 자기만이 갖고 있는 즐기는 방법의 하나일 것이다.

♣ 매우 튼튼한 동양란

동양란의 장점은 성질이 매우 강건하여 가꾸기 쉽다는 것이다. 설비도 거의 필요없으며 어디서나 즐길 수가 있다. 환경의 변화에도 제법 순응할 수 있는 점도 특히 초보자에게는 반가운 장점이다.

내한성이 있어, 잎에 서리나 눈을 맞히거나, 뿌리를 얼리지 않는 한 누구라도 용이하게 가꿀 수가 있다.

동양란의 매력과 즐기는 법

● 꽃 모양(花瓣)의 여러 가지

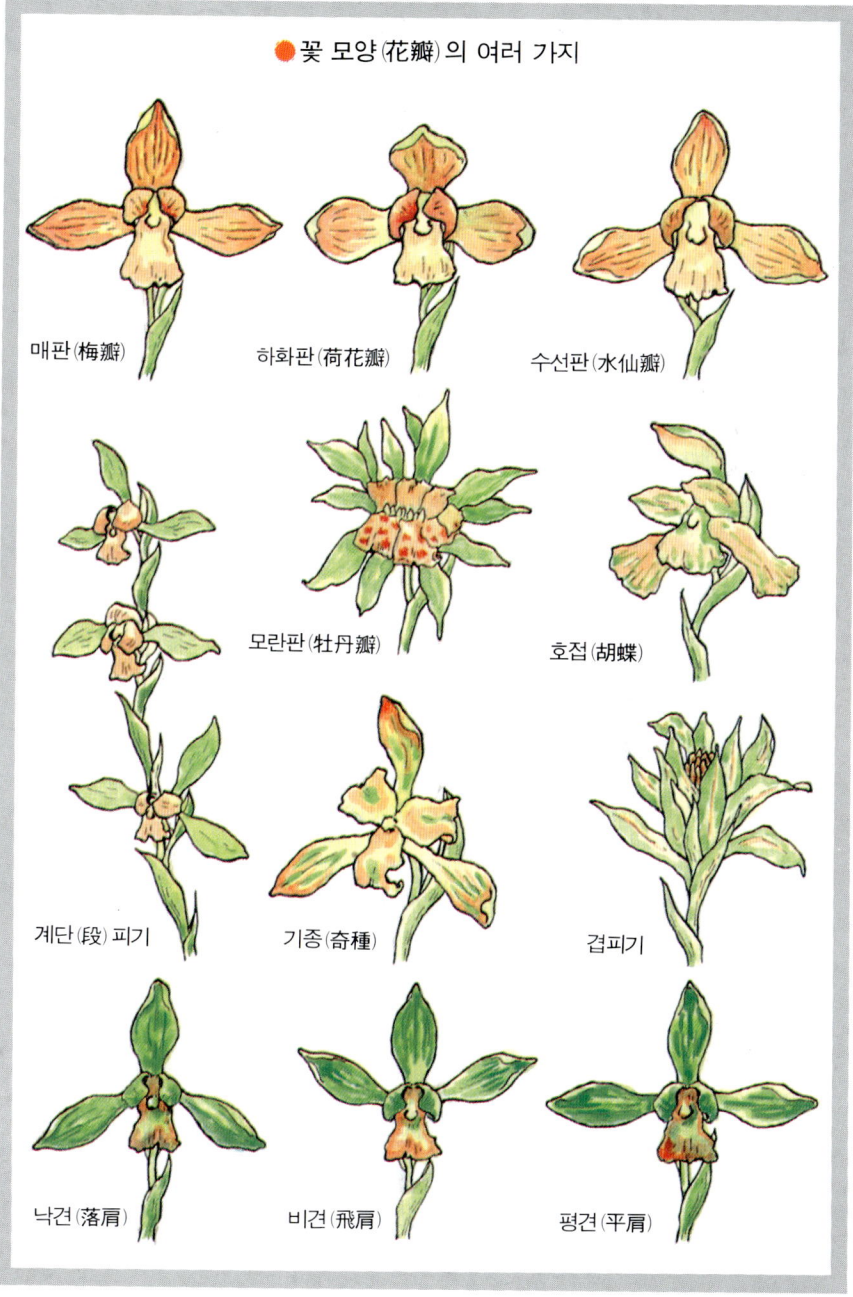

동양란의 매력과 즐기는 법 29

● 잎 무늬의 여러 가지

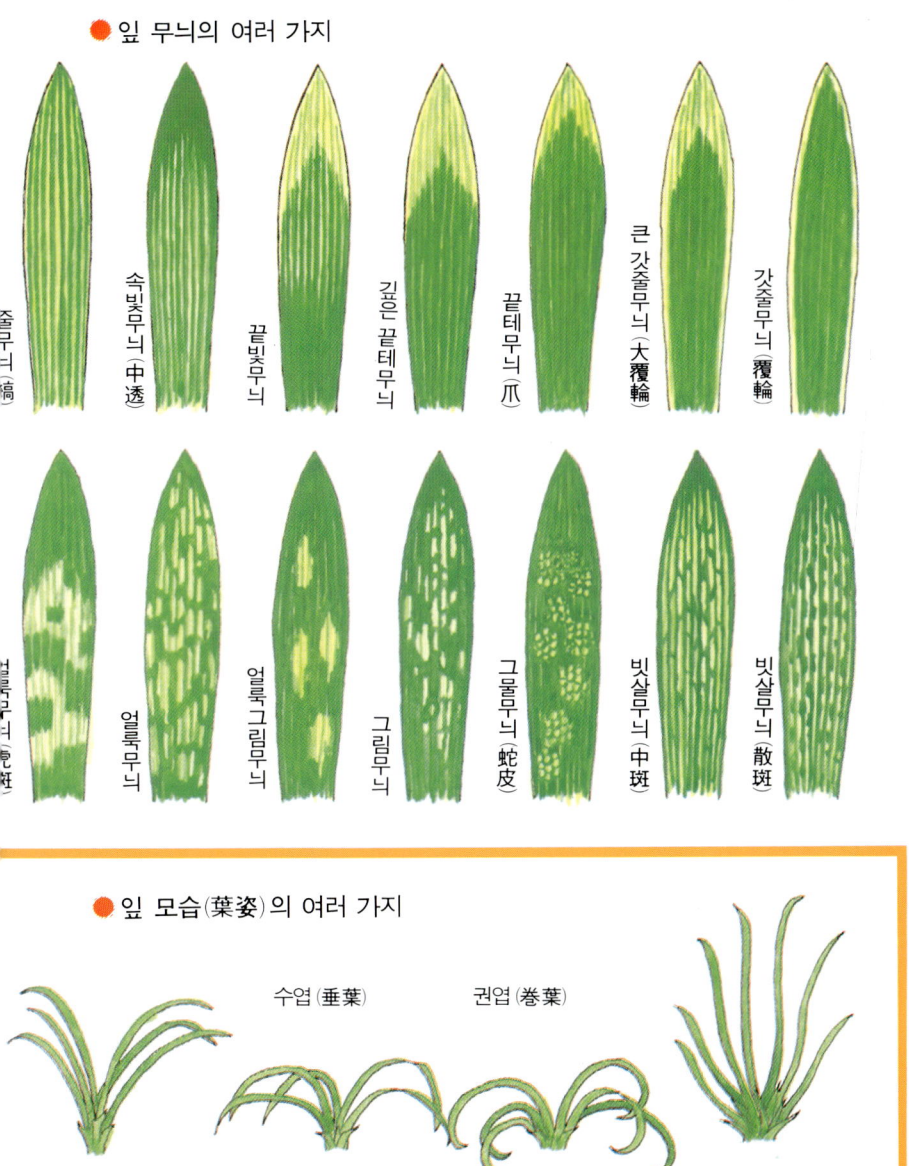

● 잎 모습(葉姿)의 여러 가지

동양란을 구입할 때는

♣ 구입하기 전에

처음 난 가꾸기를 시작하는 사람은, 첫째, 튼튼한 품종을 구입할 것, 그것도 값이 싼 일반적인 것을 고르도록 한다. 막상 난분 하나라도 실제로 배양해 보면, 난의 성질이나 생육의 상태 등을 서서히 파악할 수 있게 된다.

둘째는, 좋아하는 종류, 예컨대 춘란이라면 춘란 한 종류를 구입하는 것이다. 한마디로 동양란이라 해도 종류에 따라 각기 성질이 다르므로 똑같은 방법으로 가꾼다면 좋은 결과를 얻을 수가 없는 것이다.

우선, 가꾸어 보고 싶은 종류에 대한 배치 장소나 물주기(灌水) 등 기본적인 지식을 몸에 익히고, 난분 2~3개 정도 가꾸어 가면서, 난 배양의 전문가에게 체험담이나 요령을 알아보거나 난 가꾸는 곳을 견학할 기회를 갖는 것도 난 가꾸기의 지름길이 될 것이다.

♣ 언제 구입하면 좋은가

춘란이나 한란과 같은 꽃물(花物)은 개화기를 선택하는 것이 무난하다. 실제로 꽃의 모양이나 색깔을 확인할 수 있는 점과, 꽃이 피어 있는 것은 제대로 생육되어진 증거이기 때문이다. 난뿐 아니라, 개화기의 모든 화훼류는 약간 값이 비싸지만, 초보자에게 있어서는 안심하고 구입할 수 있는 방법이다.

꽃물 이외는 가을 10월경이 구입의 좋은 시기이다. 왜냐하면 1년 동안 생장한 난이므로 건강하다는 점은 틀림이 없기 때문이다. 더구나 이 시기에 이르면 이미 새 눈이 형성돼 있으므로, 다음 봄에는 기운 찬 어린 포기를 볼 수 있을 것이며, 난 가꾸기의 즐거움을 경험할 수 있을 것이다.

여름철에는 구입하지 않는 것이 상식이다. 동양란에게는 견디기 어려운 여름에 환경이 바뀌는 것이고, 구입한 쪽에 있어서도 난 가꾸기에 익숙하지 못한 데다 무더운 시기에 키워야 하므로 물크러지기 쉽기 때문이다.

♣ 좋은 난 식별법과 고르는 법

처음 난을 가꾸는 사람에 있어서는 강건한 묘(苗)이어야 함이 무엇보다도 중요한 조건이다. 여기서는 그 식별법을 몇 가지 기술하기로 한다.

① 벌브가 굵어 있을 것

충분한 햇빛을 받고 자란 난은 벌브가 둥그스름하고 잘 퍼져 있

동양란을 구입할 때는 31

●좋은 난 식별법

- 전체의 자태가 싱싱해야 할 것.
- 잎 배열이 좋을 것.
- 2촉 이상이어야 할 것.
- 줄기 껍질(苞衣)이 헐거나 상한 데가 없어야 할 것.
- 벌브가 둥글고 굵어야 할 것.
- 벌브

다. 반대로 인위적인 가온(加溫)으로 키운 것은 벌브도 가늘고, 어딘가 힘이 없는 인상을 받게 된다.

② 잎 수가 많을 것

잎 수가 많고 자태가 잘 연결되어 있는 것이 중요하다. 작황이 나쁜 난은 잎 수가 적은데, 초보자가 가꾸는 것은 우선은 무리라 생각하는 편이 좋을 것이다. 설령 좋아하는 종류라도 삼가해야 한다.

③ 두 촉 이상일 것

포기가 최소 2촉 이상이고, 줄기를 덮고 있는 껍질(苞衣)이 팽팽하고 싱싱해야 한다.

④ 잎의 광택이 좋은 것

잎의 윤기가 나쁜 것이나 힘차지 못한 것은 뿌리에 결함이 있는 경우가 많아 무사히 키우기가 어려울 것이다.

♣ 구입법의 여러 가지

동양란을 구입함에 있어서는 다음과 같은 몇 가지 방법이 있다.

① 전문업자로부터 구입한다.

동양란을 전문으로 취급하고 있는 업자는 전국에 많이 있으며, 이들에게 구입하는 경우가 가장 많다. 종류나 분 수는 규모에 따라 상당한 차이가 있으나, 되도록 가까운 곳이 배양상의 상담을 하기에 편리한 장점이 있다.

② 통신 판매에 의해 구입한다.

가까운 곳에 난 전문업자가 없는 경우는 통신 판매로 구입할 수 있다. 상품 목록을 보고 주문하는 것인데, 품종에 관한 특성을 파악한 뒤에 주문할 필요가 있다.

③ 애호가로부터 구입한다.

애호가가 번식시킨 것을 나누어 받는 경우이다. 동우회에 회원으로 가입돼 있으면 틀림없겠으나 종류가 한정되는 단점이 있다. 그러나 난 가꾸는 지도를 받는 데는 가장 좋은 구입법이라 말할 수 있다.

가꾸는 법의 포인트

동양란을 제대로 잘 가꿀 수 있느냐 없느냐의 해결점은 '환경만들기'이다. 환경만 난의 생육에 적합하면 큰 실패를 초래하는 일은 없다.

♣ 어떤 장소에서 가꾸면 좋은가

난 가꾸기는 충분한 햇볕과 바람이 잘 통하는 것이 첫째 조건이 된다. 거기에다 공중 습도가 높으면 더 말할 나위 없으나, 이 세 가지 조건이 갖추어진 장소를 일반 가정에서 기대하는 것은 무리이므로, 습도만은 인공적으로 강구해야 된다.

동양란의 배치 장소는 아침 햇살이 잘 드느냐 그렇지 못하느냐에 따라 결정된다. 동쪽에 장애물이 없는 장소를 택해, 여름의 직사 광선을 가려주는 배려만 하면 좋으므로, 특히 어렵게 생각할 필요가 없다. 베란다 옥상에서 난 재배를 즐기는 사람도 많이 있다.

♣ 온실이 없어도 가꿀 수 있다

난이라 하면, 온실이 없으면 월동시킬 수 없다고 미리 생각하고 있는데, 결코 그렇지가 않다. 햇볕이 잘 드는 창가에서도 충분히 월동시킬 수가 있는 것이다.

처음 난 가꾸기를 시작할 때는, 아직 분 수도 적을 것이고, 겨울철의 물주는 횟수도 3~7일에 1회 정도이므로, 처마 밑이나 마루 또는 창가에서 가꿀 수가 있어 그리 어려울 것이 없다.

난 가꾸기에 차츰 익숙해지고 분 수도 늘어난 단계가 되면, 극히 간단한 온실을 만들어, 봄~가을에는

●분 배치 장소
여름은 베란다나 장독대 등

겨울은 따스한 창가나 복도 등

옥외에서 키우고, 겨울에만 온실에 들여놓으면 이상적이다.

♣ 난 진열대 만드는 법

동양란은 분의 더러움을 방지하기 위해서 또 분 밑 구멍의 통기를 꾀하기 위해서 지상 50~80cm 높이에 놓는 것이 보통이다. 진열대는, 판자로 화분을 걸 수 있게 간격을 두고 만들거나 만들어진 틀에 철망 또는 긴 파이프를 화분 크기에 맞게 걸쳐서 만든다.

춘란과 한란은 진열대에 평면적으로 나란히 놓아 키우는 수가 많다. 한편, 혜란(蕙蘭)은 3~4단의 계단식으로 하는 사람이 많다. 또 착생란인 석곡(石斛)과 풍란(風蘭)은 파이프 진열대에 놓는다. 이와 같이 각기 난의 성질에 적합한 진열대에 배치하는데, 어느 것이나 분 수가 많은 경우, 처음에는 어디로든 자유롭게 이동할 수 있는 '난 걸침틀'을 이용하면 좋을 것이다.

배치 장소에 대해 여러 가지 연구

●파이프식 난 진열대

파이프

판자로 만든 화분 걸침틀

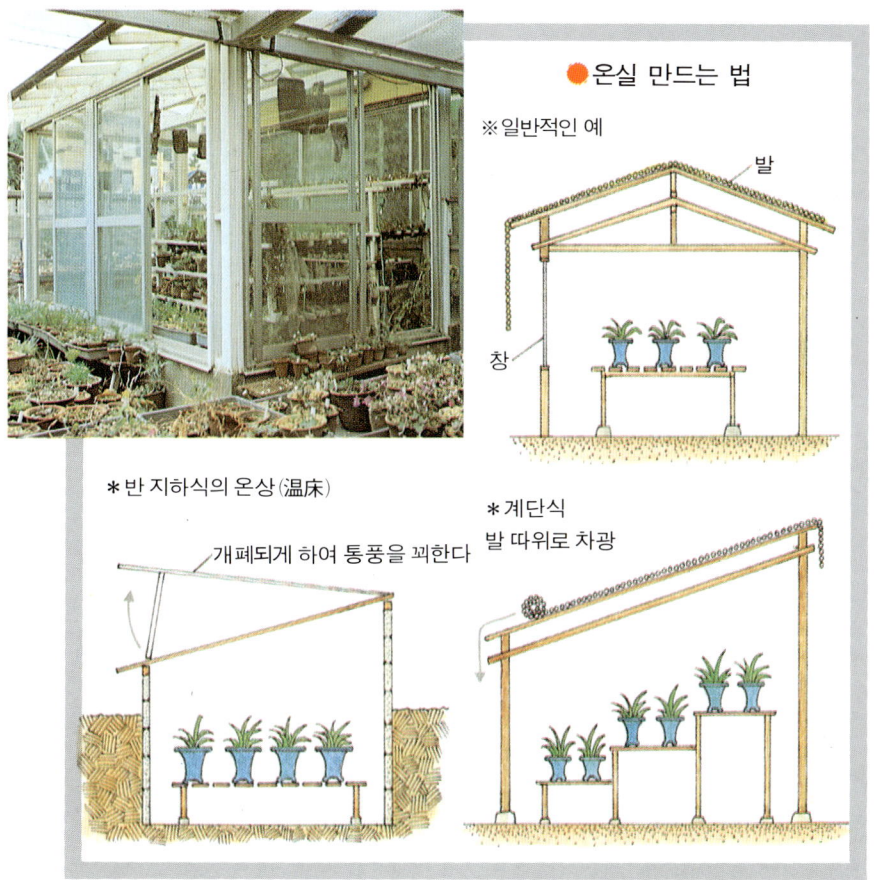

를 하는 것도, 난 가꾸는 데에 즐거움의 하나로, 깊은 맛을 느끼게 된다. 우선은 가벼운 마음으로 시작해 보기를 권유한다.

♣ 온실을 만들 때는

종류와 분 수가 증가했을 때를 위해 간단한 온실 만드는 법을 소개하고자 한다. 최근에는 알루미늄 샷시의 규격품이 있는데, 왠만한 솜씨면 손수 충분히 만들 수가 있다.

동양란은 한여름의 석양이 금물이므로 동남쪽에서 충분히 채광할 수 있는 장소를 선택한다.

지붕의 경사 각도는 30도 정도로 하고 유리를 끼우거나 또는 비닐을 씌워도 상관없다. 지붕 위에는 발이나 한랭사(寒冷紗)를 칠 수 있게 끼울 틀을 만들어 두면 좋다. 이것은 강한 직사 광선을 가려주기 위해서이다.

겨울에도 특별히 가온할 필요는 없고, 5℃를 유지시키면 월동시킬 수가 있다. 혜란은 10℃ 이상을 유지해야 한다지만, 적응되면 5℃에서도 시드는 일이 없다.

동양란은 온실에서 키우는 경우 오히려 주의해야 한다. 여름의 높은 온도와 물크러짐에 의한 뿌리썩음이 그러하다. 창은 전면 개방될 수 있도록 하여 통풍을 충분히 꾀해 준다.

♣ 사계절의 생육과 손질

봄 동양란은 4월로 접어들면 생육이 시작된다. 어미 포기(母株)의 벌브 쪽에 새싹이 움직여 새잎이 돋아나온다. 서리의 걱정이 없어졌을 무렵, 옥외 특히 아침 햇빛이 들고 통풍이 잘 되는 장소로 내놓아 5~6월을 지내도록 한다. 물은 겉흙(表土)이 마른 분만 분 밑 구멍에서 물이 흠뻑 빠져나갈 정도로 준다. 장마철에 비를 오래 맞히면 과습에 의한 뿌리썩음이 생기므로 반드시 비를 가려주어야 한다.

여름 햇빛을 받는 시간은, 오전 9시까지만 받게 하고 발 따위로 차광하여 잎이 타는 것을 방지해 주는 것이 중요하다. 한여름은 특히 물크러짐에 주의하여 통풍을 꾀하도록 해야 한다.

물은 저녁 때 서늘해진 뒤에 주도록 한다. 한낮에 주면 남아 있는 물방울에 의해 잎이 타는 경우가 있기 때문이다.

가을 10월 하순이 되면 생육이 차츰 둔해져 휴면기로 들어간다. 서리가 내리기 전에 빨리 실내에 들여놓도록 한다. 심하게 추운 지방이 아닌 한 가온하지 않아도 상관없다. 휴면기에는 화분도 별로 건조하지 않으므로, 물을 주는 것에 주의해야 한다.

겨울 부드러운 햇빛에 충분히 쬐어 주면 이듬해 봄의 생육이 좋아진다. 겨울철에 뿌리를 얼게 하는 원인의 대부분은 분흙의 수분 과다에 의한 것이다. 휴면기는 약간의 습도만 유지하도록 관리하는 것이 중요하다.

각종 용구와 사용법

♣ **재배에 필요한 도구**

관수(灌水)용 물뿌리개 물 나오는 구멍이 일정하고 물이 가늘게 나오는 것이 좋다.

분무기 살균·살충제를 살포하거나 엽수(葉水)를 줄 때에 사용한다. 분 수가 적으면 소형의 스프레이로도 충분하다.

체 분에 넣을 흙을 적당한 알갱이 크기로 쳐 분류하는 데 필요하다. 적어도 3종류는 필요하다.

가위 포기나누기나 상한 뿌리를 잘라 버리는 데 사용한다. 칼이나 커터도 준비하면 쓸모가 있다.

비료꽂이 액비를 줄 때, 필요한 것으로 액비가 직접 식물에 닿지 않도록 구멍 끝이 가늘게 돼 있다.

분 걸침틀 풍란이나 석곡(石斛)에

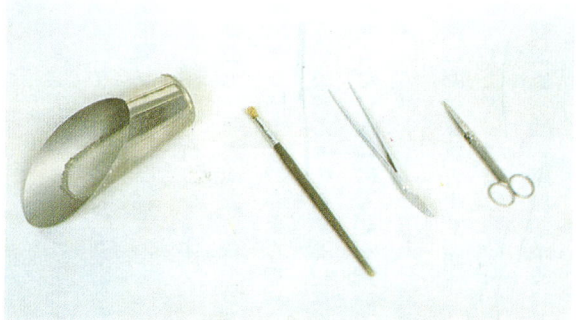

(왼편부터) 흙삽, 붓, 핀셋, 가위

3개 한벌의 체

비료꽂이
분무기
관수용 물뿌리개

쓰이는데, 매달아내리는 식의 화분걸이이다. 3개 걸이, 4개 걸이, 5개 걸이 등이 시판되지만, 자신이 직접 만드는 것도 좋을 것이다.

이외에도 품종을 기록하는 라벨, 핀셋, 붓 등이 필요하다. 각각 자기에게 있는 것을 이용하는 것이 좋다.

♣ 용토(用土)

용토는 동양란의 종류에 따라 사용이 나누어지거나 혼용의 비율이 달라지는데, 현재 난 배양에는 다음과 같은 것이 주로 쓰인다.

적옥토(赤玉土) 진흙 성분이 많은 붉은 입토(粒土)이다. 물에 걸러도 얼른 부서지지 않을 정도의 경질(硬質)의 것이 최상이다. 이것을 체에 쳐서 되도록 큰 알갱이의 것을 사용한다.

클레이볼 적옥토를 가마에 넣어 구워낸 것인데 통기성, 보수성이 풍부하고, 관수가 잘 되는 이상적인 용토이다.

녹소토 황갈색의 가벼운 덩어리로 흡수·보수력이 강하므로 난 배양에 사용할 때는 강모래에 혼용하여 쓰고 있다.

이상의 용토 외에 일반 원예점에서는 여러 가지 배양토가 판매되고 있으나, 양질의 배양토란 보수력이 있고 다공질(多孔質)로 손가락 끝으로 비벼보아 부서지지 않을 정도로 단단하고 물에 녹지 않는 것이 조건이 된다.

물이끼(水苔) 습지대에서 자생하는 이끼류로 보수성이 좋기 때문에 흙속의 습도 조절용으로 많이 쓰인다. 또 착생종의 식재로 단용(單用)되거나 혜란의 표토(表土)로 쓰여지고 있다.

숯 심은 용토의 흡수·보수를 높이는 효과가 있으므로 혼용하거나, 풍란의 뿌리를 감싸주기도 한다.

각종 용구와 사용법 **39**

●여러 가지 난분(蘭盆)

감상용 분

감상용 분

풍란(風蘭) 분

풍란(風蘭) 분

초벌구이분

검은색 초벌구이 분

♣ 난분(蘭盆) 고르는 법

난 가꾸는 데에는 우선 배수·통기성이 풍부하며 그리고 적절한 보수력이 있는 분이 필요하다. 난분은 옛부터 동양란을 재배하는 전용분이 제작되어 사용되었는데, 생육면과 함께 난의 모습과의 조화를 충분히 고려한 이상적인 분이어야 한다.

요즘 우리 나라에서도 여러 애호 동인들의 지도와 조언으로 경남 진전(鎭田)에서 상당히 질이 좋은 제품이 생산되고 있다.

감상을 하기보다 난의 육성을 위해서는 저온으로 초벌구이한 토분이 좋다. 흡수성이 없는 인공 플라스틱 분은 쓰지 않는 것이 좋다.

초벌구이 분은 토질이 부드럽고 두께도 얇으므로 배수·보수·통기성이 뛰어난데다 분의 모양이나 밑 구멍, 세 발이 있는 것 등이 난 가꾸기에 적합한 화분이라 말할 수 있다.

그리고 난분에는 곡선을 이룬 원통형을 비롯하여 사각, 육각, 팔각, 마름모형과 같은 다각물에서부터, 기장이 낮은 뚱뚱한 형까지 갖가지의 것이 있다. 그중 어떤 것을 사용할 것인가는 심을 난의 생육과 미관의 양면을 고려해야 할 것이다. 분이 너무 크면 분만 눈에 띄여 중요한 난이 돋보이지 않는다. 반면에, 너무 작아도 난의 안정감을 잃게 된다.

동양란에 국한된 것이 아니라 식물의 화분 가꾸기는 모습에 비해 약간 작은 화분이 용토의 건조가 빠르기 때문에 뿌리의 발육이 좋다. 더욱이 개화나 잎의 색깔에도 좋은 결과를 가져온다.

♣ 비료를 줄 때는

동양란을 처음 가꾸기 시작한 사람은 아예 비료를 주지 않는 것이 안전하다. 비료가 없기 때문에 난이 망가지거나 시드는 경우는 전혀 없다. 오히려 비료를 많이 주어 시들어버리는 일이 많다.

그러나 비료를 주면 그 효과가 있다. 눈의 벌브가 충실해지며 잎도 두께가 두터워지고, 색깔과 광택도 보다 아름다워지는 것은 확실하다. 그 결과, 차츰 욕심이 생겨 비료를 너무 많이 주어 뿌리썩음을 일으키는 예도 흔히 보인다.

비료를 줄 때는, 되도록 분량을 줄이는 것이 상책이다.

비료에는 고형 비료와 액체 비료가 있으며, 현재 모두 시판되고 있다. 고형 비료의 경우는 깻묵을 주체로한 유기 비료를 대두콩 크기 정도로 하여 한 분에 2개, 난의 생장기(3월~9월)에 1~2회 준다. 하이포넥스나 플랜트푸드, 그린라이프 등의 액비를 사용하는 경우는 지정한 희석 방법보다 10배~20배 엷게 타서 생장 기간에 월 1회 주도록 하면 된다.

난은 다른 식물에 비해 생육이 완만하기 때문에 비료의 효과를 당장 기대할 수는 없다. 자칫하면 분량이 적어서인가라고 생각하기 쉬우므로 충분한 주의가 필요하다.

♣ 병충해는 사전의 방제가 중요

동양란은 일상의 관리만 잘하고 있으면, 병충해가 극히 적은 식물이다. 그러나 배치 장소의 조건이 나쁘고, 고온이나 지나친 다습, 비료 주는 방법이 나쁘면 병충해가 발생하기 쉬운 식물이라 할 수 있다. 더구나 한 번 병해에 걸리게 되면 회복을 바라기 어려운 경우가 많으므로 평소부터 충분한 방제를 해두어야 한다.

● **병해(病害)**

뿌리썩음 물이나 비료의 과다가 원인이 되는 수가 많다. 뿌리가 썩어 증상이 심해지면, 포기가 시들어 죽게 된다.

잎이 타는 현상(葉燒) 잎 테두리의 색깔이 엷어져 차츰 다갈색으로 변한다. 잎 끝에서 시들기 시작하여 전체로 퍼지는 수도 있다. 강한 햇빛이나, 수분 부족이 주된 원인이다.

뿌리의 동결 겨울에 뿌리를 얼게하면 차츰 시들어 포기가 고사한다.

이상은 일상의 관리에서 주의하면 방지할 수가 있다.

흑점병(黑點病) 잎에 작은 검은 점이 나타나 퍼져 결국은 포기가 시들어 버린다. 일명 소총(小銃)이라 불리는 병으로 원인은 밝혀져 있지 않다.

백견병(白絹病) 뿌리 밑둥에 솜털 모양의 균사(菌絲)가 휘감겨 붙어, 포기가 흑갈색이 되어 마른다.

연부병(軟腐病) 새잎 밑둥이 갈색 또는 흑갈색으로 변색하여 썩거나 벌브가 말랑말랑해져 빠지게 된다. 속칭 속빠짐이라고 부른다.

이상은 벤레이트의 1,000배 액에 전착제(展着劑)를 섞어 살포한다.

탄저병(炭疽病) 잎 여기저기에 갈색의 반점이 모여서 나타난다. 새싹에는 나오지 않으나 모주(母株)가 되면서 생긴다. 다이센 용제를 살포한다.

모자이크병 잎에 엷은 녹색의 쐐기형 반점이나 줄무늬 얼룩이 생기는 것으로, 원인은 알려져 있지 않다. 감염성으로 포기나누기 때는 반드시 칼이나 가위를 소독하는 것이 중요하다.

이밖에 녹병(綠病), 잎마름병(葉枯) 등도 있다.

● **충해(蟲害)**

패각충 잎 안팎에 흰 패각충이 붙어 즙액을 빨아먹는다. 귀찮은 해충이므로, 발견 즉시 핀셋이나 부드러운 솔로 털어내는 것이 효과적이다.

진디류 부드러운 새싹이나 꽃에 기생하여 즙액을 빨아 먹는다. 새싹의 신장이 좋지 못하고 기형이 된다. 그렇기 때문에 발견 즉시 약제를 살포한다.

패각충이나 진디류에는 칼호스 유제나 파라치온이 효과적이다.

민달팽이류 새싹, 꽃봉오리, 뿌리의 연한 부분을 갉아먹는다. 야행성이므로 저녁에 자주 살펴서 핀셋으로 잡아 죽인다.

분갈이 · 포기나누기

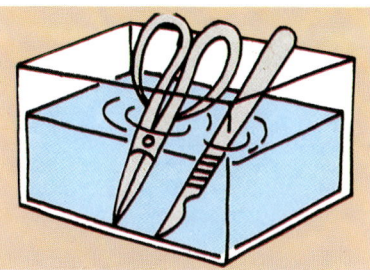

③ 포기나누기하는 칼, 가위는 제3인산소다 5%액에 10분 정도 담근 후, 물에 씻어 사용

④ 칼을 사용해서 포기나누기를 시작한다.

① 분을 가볍게 두들기면 뭉쳐있던 난석(용토)이 느슨해져 뿌리가 떠오른다.

⑤ 포기를 상하지 않게 조심하여 나눈다.

② 분을 기울여 뿌리를 뽑아낸다.

⑥ 나쁜 뿌리는 잘라버린다.

⑦ 분갈이할 때는 포기에 알맞은 크기의 분을 고른다.

⑪ 중간 용토를 넣는다.

⑧ 맨 아래는 굵은 용토를 살며시 넣는다.

⑫ 입자가 작은 화장토로 마무리한다.

⑨ 분을 가볍게 두들겨 식토(植土)를 안정시킨다.

⑬ 분속의 용토를 안정시키기 위해 물을 흠뻑 준다.

⑩ 뿌리 공간에 굵은 용토를 넣을 경우, 뿌리가 상하지 않게 핀셋 등으로 살며시 넣는다.

⑭ 분갈이 완료 후 살균제를 뿌려 준다.

동양란의 대표종

▲ 紅陽

춘란(春蘭)

紅陽(홍양)

적화계(赤花系)의 대표종. 꽃 색깔은 홍등색(紅橙色)으로 꽃잎 끝이 더욱 진하다. 매우 수려한 큰 꽃 송이(大輪)이다. 꽃잎은 타원형으로 꽃잎 밑이 잘 죄어져 있는 것이 인상적. 폭이 넓기 때문에 보다 크게 보이는데다, 꽃잎 끝이 날카로와 꽃 모양이 정리되어 보이는 효과를 내고 있다. 내판(內瓣)은 단단히 감싸여서 아름답다. 설판(舌瓣)은 말려있고(捲舌), 백황 바탕에 약간 큰 홍점(紅點)이 뚜렷하여 보는 사람을 즐겁게 해준다. 화려한 적화의 대표적인 꽃인데, 부판(副瓣)의 좌우가 처지는 낙견(落肩)인 것이 아쉽다.

잎은 연황색에 가까운 녹색으로, 중엽성(中葉性)의 중수엽(中垂葉)이다. 이 잎은 안개줄무늬(曙虎)가 특징이다. 꽃대 높이에서 굽은 잎의 잘 조화된 모습은 일품이다.

▲ 金華山

金華山(금화산)

적화계의 인기 품종. 꽃 색깔은 밝게 빛나는 주금색(朱金色). 춘란 중에서도 명화(名花)라 칭송되고 있는데, 이 꽃색 때문일 것이다. 은은함을 바탕에 간직한 색이다. 꽃잎은 타원형으로 수선(水仙)과 같은 상쾌함을 느끼게 한다. 꽃잎 끝은 뾰죽하며, 그 끝이 안쪽으로 약간 굽어지는 것이 특징. 조여지는 이른바 긴판(緊瓣)이다. 안쪽으로 감싸이는 모습이 꽃 모양 전체를 잘 어울리게 한다. 설판(舌瓣)은 극단적으로 휘어지는 대권설(大捲舌)이다. 밝은 분홍색 설점(舌點)이 선명한 액센트를 가하고 있는 것도 매력이 되고 있다. 또 꽃잎 끝이 연녹색의 갓줄무늬(覆輪) 모양이 있는 것도 볼 수 있다. 어느 것이든 평견(平肩)의 인기 높은 명화이다.

잎은 대엽성(大葉性)의 광엽계(廣葉系). 빼어난 꽃에 어울리게 처지는 잎(垂葉)이다.

▲ 東之光

東之光 (동지광)

홍화계(紅花系). 꽃잎이 약간 가늘기 때문에, 가련한 정취가 넘치는 명화로서 이름 높다. 더구나 가느다란 꽃대가 높이 올라가는 것도 그리 흔치 않은 장점의 하나이다. 꽃잎은 부드럽고 온화한 둥근 잎(圓瓣)으로, 황록색의 꽃잎 밑둥에서부터 차츰 물들어 가면서 선명한 주홍색이 되며, 그 꽃잎 끝을 약간 안쪽으로 감싸는 모습이 수줍은 여인을 연상하게 되어 극히 매력적이다.

내판(內瓣)은 크게 구부러져 감싸여 있어 꽃 모양은 짜임새 있다. 설판(舌瓣)은 대권설(大捲舌)로 흰색에 가까운 연노랑 바탕에 작은 홍점(紅點)이 보일듯이 엷게 들어있다.

잎은 대엽성(大葉性)의 중수엽(中垂葉)이다. 약간 진한 듯한 녹색 잎에 안개줄무늬(曙虎)가 조금 나타나는 것이 특징. 새싹일 때는 청백색 바탕이 보통이다. 번식력은 매우 좋으므로 배양하기에 좋은 품종이다.

▲光琳

光琳(광림) 　주금색(朱金色)계. 피기 시작할 때는 녹색이나, 차츰 밝은 주금색으로 후에 밝아지는 후천성(後天性)이다. 꽃잎은 하화판(荷花瓣)의 둥근 꽃잎(圓瓣). 꽃잎 끝은 두터우며, 내판(內瓣)은 정확하게 비두(鼻頭:꽃술)를 감싸는 명화이다. 개화에서 꽃이 질 때까지 꽃 모양이 변하지 않는 것은 광림이 명화임을 증명할 만하며, 처음부터 끝까지 평견(平肩)의 품위 있는 꽃을 즐길 수 있다. 설판(舌瓣)은 대권설(大捲舌)로 백황색 바탕에 연분홍색의 긴 줄무늬가 아름답다. 설판의 중심부는 선명한 노랑색을 나타내어 액센트를 부여하고 있다.

잎은 폭이 약간 넓은 중엽성(中葉性)의 중수엽(中垂葉)으로 두께가 두텁다. 잎 빛깔은 짙은 녹색으로 광택이 강하며, 얼른 보아 중국산의 난과 착각할 정도로 잎의 멋(葉藝)을 지니고 있는 것도 광림의 특징이다. 꽃대는 굳건하나 약간 낮다.

▲ 天香紅

天香紅(천향홍) 적화계(赤花系)의 큰 꽃(大輪). 꽃색깔은 주·부·내(主·副·內)의 다섯 꽃잎 모두 홍적색으로 아름답다. 꽃잎은 타원형이 조여지는 긴변(緊邊)으로 평견. 진주홍 또는 감색 줄무늬가 꽃잎 끝까지 있어, 단조로 워지기 쉬운 꽃 모양에 변화를 주고 있다. 내판(內瓣)은 단단히 감싸여 있고, 설판은 권설(捲舌)로 홍점(紅點)이 눈을 이끈다. 참으로 흠잡을 데 없는 꽃 자태이다.

단, 이 천향홍은 배양법에 따라 발색(發色)이 현저히 달라지는 성질이 있다. 작황이 좋을 때는 단려한 꽃 모양과 함께 꽃 색깔도 매력적인 홍적색이 되는데, 작황이 신통치 못하면 꽃잎의 절반 정도에 연주홍색을 나타내는데 그친다.

잎은 대엽성(大葉性). 말리는 듯하면서 처지는 잎이다. 윤기있는 짙은 녹색이 아름답고, 질은 단단하다.

▲紫寶

紫寶(자보)   자화계(紫花系)의 이색종(異色種). 꽃잎도 꽃대의 포의(苞衣)도 짙은 적자색(赤紫色)으로 꽃잎에는 꽃 색깔보다 더욱 진한 홍자색(紅紫色)의 가는 줄무늬가 있다. 꽃잎 끝은 약간 짙은 녹색을 나타내고 있다. 색다른 꽃이라는 이름에 어울리는 꽃 모양으로 꽃순이 올라오기 시작했을 때의 기대감은 실로 큰 것이다. 꽃잎은 두께가 두터운 매판(梅瓣)으로, 세 꽃잎(三瓣) 모두 크게 안쪽으로 감싸여서 특수한 꽃인데도 불구하고, 부드러운 인상이 강하다. 순판은 권설(捲舌)로 흰 바탕 전면에 진한 홍점(紅點)이 무수히 산재하여 아름답다. 꽃대는 굵고 그다지 신장하지 못하는 것이 아쉬우나, 꽃이 피기 시작할 때부터 끝 무렵까지 꽃 모양이 망가지지 않고, 색깔도 변하지 않으므로 충분히 보완하고 있다.

잎은 약간 폭 넓은 중엽성(中葉性)의 중수엽(中垂葉)인 것도 꽃을 관상하기에는 매우 적합하다.

▲ 天紫晃

天紫晃(천자황) 자화계(紫花系)의 명품. 꽃색은 짙은 보라색 또는 맑은 홍자색이며 꽃잎의 중심부와 꽃잎 끝이 연녹색을 나타내는 볼품있는 큰 꽃(大輪花)이다. 꽃대·포의(苞衣)가 모두 선명한 홍자색으로 잎 사이를 빠져 나가 높이 뻗는 것도, 이 꽃을 귀품으로 치는 장점이다. 꽃잎은 타원형으로 꽃잎 밑둥은 가늘게 조여져, 둥그스름한 꽃잎 끝을 살며시 안쪽으로 감싸고 있다. 그 안팎이 모두 같은 색인 것도 특징으로 개화에서부터 질 무렵까지 색도 변색되지 않고 모양도 망가지지 않는 보라색 꽃의 최고급품이다. 또한 봉오리일 때, 진한 흑자색인 것도 희귀하여 여러 가지로 관상 대상이 풍부한 난이다.

잎은 대엽성(大葉性)의 중수엽(中垂葉). 광택 있는 짙은 녹색이 아름다운데 욕심을 낸다면 더 처지는 잎이 꽃 모양을 한층 돋보이게 한다.

▲日輪

日輪(일륜)

갓줄무늬계(覆輪花系)의 일품. 꽃 모양은 수선판(水仙瓣)의 볼품있는 큰 꽃(大輪). 외판, 내판 5장 모두 연녹색을 나타내는데, 꽃잎 맨 끝에서 중간쯤까지 황금색에 가까운 선명한 주홍색의 깊은 갓줄무늬가 나타나는 모습은 과연 수려하다. 그 꽃잎은 두께가 두터운 평견(平肩)으로 외판(外瓣)은 알맞게 안으로 굽어져 감싸여 있다.

깨끗하고 산뜻한 꽃 모양이며 매우 아름다운 색깔과 무늬로 풍부한 품격있는 매력을 지닌다. 순판은 권설(捲舌)로 앞면에 흰 바탕에 담홍색의 부드러운 줄무늬를 나타내고, 밑둥에도 같은 색의 설점(舌點)을 보이고 있다. 황백색의 꽃대는 비교적 가늘며 잘 뻗는 편이다.

잎은 대엽성(大葉性)으로 처지는 잎(垂葉)이다. 두께가 두텁고 윤기있는 짙은 녹색이다. 그 잎의 멋(葉藝)은 빼어나, 화기(花期) 이외에도 즐길 수 있다.

▲鯨波

鯨波(경파) 겹피기게. 주·부판(主·副瓣) 모두 퇴화(退化)하고, 황록색에 홍색을 띤 검판(劍瓣 : 劍葉)만 사방으로 나온다. 꽃은 약간 위로 향해 피므로, 그 아름다움을 보다 돋보이게 한다. 특출난 것은 설판으로, 5장 내지 7장이 포개져 뒤집힌다. 그 색은 흰색 또는 황백색으로 홍자색의 설점(舌點)이 선명하다. 더구나 설판 밑은 큰 얼룩에 의해 빨갛게 물들고 바깥쪽의 절반은 녹색이 들어가는 복잡한 색무늬로 기종화(奇種花)라 일컫는 데에 어울리는 모습이다. 적당한 굵기의 꽃대도 잘뻗어, 이 꽃의 흠잡을 데 없음을 보여주고 있다.

잎은 큰잎(大葉)의 중립엽(中立葉). 짙은 녹색에 잎 골도 깊으며 광택이 있어 아름답다.

▲鳳凰殿

鳳凰殿(봉황전) 속줄무늬의 대표적 품종. 잎 두께가 두터우면서 가는 대엽성(大葉性)의 중수엽(中垂葉). 모든 잎에 짙은 녹색의 깊은 갓줄무늬(覆輪)가 나타나, 황백색의 뚜렷한 속줄무늬가 들어있다. 여성적이고 우아하며 상냥한 잎 맵시(葉姿)이다. 가는 잎이 그려내는 갖가지 곡선이 잎 전체에 변화를 주어, 각도를 바꾸어 볼 때마다 운치가 달라져 즐겁다. 또 황백색의 속줄무늬도 잎마다 풍미가 있어 실증을 느끼지 않는다. 더구나 큰 포기로 자랄수록 아름다운 속줄무늬가 10겹, 20겹으로 교차하여, 선과 색의 복잡한 조화를 자아내어 볼품이 있다. 성질은 매우 강건한 우량 품종.

▲軍旗

軍旗(군기) 줄무늬란 중에서도 최고의 인기 품종이다. 중수성(中垂性)의 노수엽(露受葉)이 섞여 있다. 폭 넓은 잎에 담녹색 갓줄무늬(覆輪)가 깊게 걸쳐 있고 선명한 흰색 속줄무늬가 뚜렷하게 나타나는 매우 아름다운 잎의 멋(葉藝)이 있다. 교차하는 중수엽과 노수엽이 자아내는 곡선의 운치는, 다른 종류에서 찾아볼 수 없는 잎모양(葉姿)을 이루어 이 잎무늬란(柄物)의 명성을 높이는 원인이 되고 있다.

꽃은 잎과 같은 녹색 갓줄무늬(覆輪)가 있는 속줄무늬 꽃(縞花)이다. 즐기는 사람이 많다.

▲靜觀

靜觀(정관)

얼룩무늬계(虎斑系). 폭이 제법 넓은 잎(大葉)의 중수엽(中垂葉). 잎이 두터우며 광택이 있어 아름답다. 짙은 녹색 잎에는 순황색의 매우 좋은 얼룩이 나타난다. 또, 녹색의 갓줄무늬(覆輪)도 함께 있어 두 가지 멋(二藝)을 지닌 품종으로 유명하다. 무늬는 후천성(後天性)이다. 포기가 클수록 잎과 잎 사이에 산재하는 선명한 얼룩무늬(虎斑)가 눈을 즐겁게 해준다. 1932년경에 발견 채취되었다고 하는데 이후 끈질긴 인기를 유지해 왔다. 근년 갑자기 평가가 높아져 잎무늬란(柄物) 중에서도 으뜸품으로 꼽고 있다.

그러나 아쉬운 점은 배양 여하에 따라 얼룩무늬(虎斑)가 잘 나오지 않는 결점이 있다. 무늬가 잘려지거나 모여 있는 수가 많다. 그런 만큼 아름다운 얼룩이 나타났을 때의 기쁨은 크다.

▲ 信濃之花

信濃之花(신농지화) 중엽(中葉)의 중수성(中垂性)으로 맑고 짙은 녹색 바탕에 선황색의 얼룩이 잘려진 무늬가 좋다. 이 얼룩무늬는 나중무늬(後天性)로, 오래 될수록 선명도가 증가한다.

輪波之花(윤파지화) 얼룩무늬계(虎斑系). 큰 잎(大輪)의 중수엽(中垂葉). 폭이 비교적 넓고 두텁다. 짙은 녹색 바탕에 선황색 바탕 얼룩을 나타내는데, 그것도 2단에서 4단으로 선명하다. 얼룩무늬계 중에서도 특히 인기가 높다. 나중무늬(後天性)이다. 새싹 나오기도 매우 양호하나 얼룩무늬 나오는 곳이 신통치 않은 경우가 있다.

錦波(금파) 그물무늬(蛇皮)의 우수 품종. 중엽성의 중수엽(中垂葉). 두꺼운 짙은 녹색 잎 전면에 순백의 그물무늬가 나타난다. 그물무늬 중에는 고목이 되면 잎 무늬가 흩어지는 수가 있는데, 금파는 그 자질구레한 아름다운 얼룩이 약해지는 일이 없다. 본래의 멋을

춘 란

▲ 輪波之花

보여 주는 것으로 인기 높은 잎무늬란 (柄物)이다. 번식력도 좋고 즐거움이 많은 품종이다.

錦波 ▶

춘란을 가꾸는 포인트

춘란에는 꽃란(花物)과 잎무늬란(柄物)이 있는데, 기본적으로는 같은 방법으로 배양 관리하면 된다.

- **용토(用土)** 클레이볼, 단단한 양질의 녹소토(鹿沼土), 모래, 적옥토 등을 2, 3종류, 각기 대(메추리알 크기)·중(완두콩 크기)·소(팥알 크기)의 알갱이를 체로 쳐 나누어 혼용한다. 용토는 새로운 것이어야 하며 사용하기 전에 햇빛에 말려 소독하는 것이 포인트이다. 특히 잔 알갱이는 쌀알 크기로 쳐내어 화장토로 사용하는 수도 있다.
- **분(盆)** 검은색 초벌구이 분이 일반적으로 쓰여지고 있다. 흑색 분은 일광의 열 흡수가 좋아 뿌리의 발육을 촉진하기 때문에 가장 많이 사용된다.

분의 크기는 심는 포기의 뿌리 둘레에 조금 여유가 있을 정도가 가장 알맞다. 너무 크면 물이나 비료분이 분흙에 남기 쉬우므로 바람직하지 않다.

- **분갈이** 꽃란(花物)은 꽃이 진 후에 잎무늬란(柄物)은 가을인 10월경에 매년 새로운 용토로 옮겨 심는다.
- **포기나누기** 커진 포기를 나눌 경우는 한 포기에 2촉 이상 심어야

● 심는 요령

포기는 예리한 칼로 나눈다.

일단 뿌리를 뽑아 헤친 후 흐르는 물에 충분히 씻는다.

한다. 포기를 너무 작게 나누면 다음의 생육이 신통치 않다.

- **배치 장소** 햇빛을 충분히 받을 수 있고 통풍이 잘 되는 장소가 이상적이다. 분을 배치할 진열대는 지상 50~80센티 정도로 하는 것이 관리하기에 편리하다. 진열대(또는 걸침대) 위에는 강한 직사 광선을 차단하는 발이나 비를 가리기 위한 비닐을 걸칠 수 있게 한다.

3월 하순부터 10월 하순까지는 진열대에서 가꾸고, 겨울에는 실내에

춘란을 가꾸는 포인트

들여놓는다. 특별히 가온할 필요는 없으며 햇빛이 드는 복도나 창가에서도 충분히 월동시킬 수 있다.

● **물주기(灌水)** 겉흙(表土)이 하얗게 마르기 시작하면 분 밑에서 물이 흘러내릴 때까지 흠뻑 주도록 한다. 물론 분에 따라 건조 상태는 다르기 때문에 분마다 물 주는 날을 바꾸어야 한다. 동양란은 과습(過濕)을 싫어한다. 물이 고여 뿌리에 부담이 가지 않도록 해야 한다.

● **비료** 난 배양의 전문가라도, 시비에는 세심한 주의가 필요할 정도로, 비료에 의해 뿌리썩음을 일으키는 경우가 많다. 처음 1~2년 동안은 아예 비료를 전혀 주지 않고 가꾸는 편이 좋을 것이다.

● **꽃을 피우게 할 때는** 꽃눈이 올라오기 시작하면 오전중의 약한 햇빛에 2시간쯤 쬐이고, 그 후는 발이나 한랭사(寒冷紗)로 차광한다. 또 개화 후에는 꽃 모양이 망가지므로 햇빛에 내놓지 말고 관수 때는 물이 꽃에 직접 닿지 않도록.

62 동양란의 대표종

▲ 西神梅

중국춘란(中國春蘭)

西神梅(서신매)

매판(梅瓣)의 대표 품종, 담록색의 세 잎(三瓣)은 폭 넓은 타원형으로 꽃잎 끝이 잘 조여져 있어 아름답다. 안쪽 두 잎(二瓣)은 얕으며, 두께가 얇으나 약간 큰 비두(鼻頭)를 가볍게 감싸 단정한 꽃 모양을 뽐내는 명화이다. 순판은 반원형으로 말려있고, 중심의 홍일점이 선명하다.

잎은 약간 가는 처지는 잎인데, 짙은 녹색의 톱니 모양이 흩어져 있고 중심에 홈이 깊어, 아주 특징 있는 잎 모양(葉姿)을 이루고 있다. 꽃대는 잘 뻗는 편인데 잎 기장이 긴 데다 반립엽(半立葉)도 많기 때문에 잎 사이에서 꽃을 보게 된다.

새싹은 빨갛고 아름답다. 매판(梅瓣)의 최고급품으로서 유명하다.

중국 춘란 63

▲ 大富貴

大富貴(대부귀)

하화판(荷花瓣)의 대표 품종. 황녹색의 다섯 잎(五瓣) 모두 폭 넓은 단원형으로 두껍고, 극히 군센 모습이다. 꽃잎 끝도 잘 닫혀져 꽃 모양이 정연하다. 그 이름에 어울리게 품격 있는 큰 꽃(大花)으로서 특히 인기가 높다. 꽃대는 약간 굵고 잘 뻗는데, 무엇보다 포의(苞衣)가 진보라색을 띠어 꽃과 대조가 되어 꽃의 매력을 더욱 크게 하고 있다.

순판은 흰 바탕의 대권설(大捲舌)로 선명한 홍자색의 설반(舌斑)을 U자형으로 나타내는 것이 특징이며 더욱이 꽃을 첨가하는 효과를 낳고 있다.

잎은 폭 넓은 중수엽(中垂葉)으로 두꺼우며 광택이 있어 아름답다. 짙은 녹색의 큰 잎이므로 꽃이 없을 때도 충분히 즐길 수 있다. 여하튼 잎 모양·꽃 모양이 함께 뛰어난 인기종이다.

▲ 龍字

龍字(용자)

　　수선판(水仙瓣)의 대표적 명화. 춘란 사천왕(四天王)의 일종이며 수려한 꽃으로서 이름이 높다. 담녹색의 세 잎(三瓣)의 꽃잎 끝이 잘 닫혀져 있어 균형된 모습이다. 봉심은 관음봉심(觀音捧心)의 제법 단단한 투구. 순판은 둥글며 맨 끝이 약간 처진다. 설점(舌點)은 분홍색의 길쭉한 3점 또는 2점이 나타나는 것이 보통이다. 새싹은 보라색을 띠는데, 꽃대의 포의(苞衣)에 그 나머지가 보이며, 비교적 긴 꽃대 밑둥은 연보라색, 위쪽으로 올라감에 따라 연녹색을 나타내는 미묘한 색감을 보여주고 있다.

　　잎은 중엽성(中葉性)의 반립엽(半立葉)이다. 잎 밑둥은 가늘고 차츰 넓어진다. 이른바 끝이 퍼지는 부채꼴(末廣)이다. 반립엽의 풀 기장이 길기 때문에 빼어난 꽃이 잎 사이에 가리워지는 것이 아쉽다.

중국 춘란 65

▲ 綠雲

綠雲(녹운) 기종(奇種)의 대표 품종이다. 기종은 난 꽃의 본래 모습과 닮지 않은 기형종이 많으나, 그 중에서도 가장 난 꽃에 가깝다. 보통은 일경(一莖)에 이화(二花)가 피는 겹피기이다. 꽃잎 수가 8장 또는 9장으로 순판이 2, 3장이어야 정상적으로 피는 것이다. 꽃 색깔은 산뜻한 담녹색으로 짧고 둥글며 끝은 뾰죽하며 약간 감싸인다.

봉심의 밑둥에는 진보라색의 굵은 얼룩줄이 보인다. 순판은 흰 바탕에 연홍색이 U자형으로 나타난다. 꽃대는 굵고 짧으나 포의(苞衣)와 함께 연보라색을 띠어 상냥하며 인상적이다. 씨방도 굵다. 가련하면서 품위있는 꽃 모습 때문에 애호가가 많다.

잎은 짙은 녹색의 두꺼운 직립엽(直立葉)이다. 잎의 길이는 불과 15∼25㎝의 소형으로 그 중에는 안에 노수엽(露受葉)이 섞여 있는 잎 모양이 참으로 귀엽다.

▲ 余胡蝶

余胡蝶(여호접) 기종(奇種). 꽃 모양이 매우 복잡. 꽃잎은 연녹색으로 작황이 좋으면 극히 가느다란 꽃잎이 수십 장이 나와 보기 좋다. 미묘한 부드러운 파도를 이루며, 안쪽에 투구가 있는 꽃잎과 설판 모양의 꽃잎이 혼합되어 있다. 쌍두(雙頭)나 계단피기가 되는 것도 있어, 변하는 꽃 중에서 최고 품종.

잎은 광택이 없는 수엽(垂葉), 약간 노란색이 든 보통 가늘기의 녹엽이다.

朱舜醉(주순취) 색이 변하는 꽃. 꽃잎은 둥그스름한 죽엽판(竹葉瓣)의 대낙견(大落肩)이다. 봉오리 때는 보라색인데 개화하면 꽃잎 끝이 엷게 녹색으로 된다. 작황에 따라 빛깔이 달라진다. 순판은 하얗고, 순판 밑에 적점(赤點)이 들어 있다.

잎은 큰 잎의 중수엽(中垂葉)이다.

富水春(부수춘) '부수선(富水仙)'이라고 하며 갓줄무

중국 춘란 67

▲朱瞬醉

늬꽃(覆輪花)이다. 꽃잎은 타원형의 낙견(落肩)으로 흰 갓줄무늬가 나타난다. 봉심(捧心)은 순백의 깊은 갓줄무늬가 있으며, 꽃잎 밑둥에서 중심에 걸쳐 홍자색의 줄무늬가 들어가는 것이 특징이다. 순판은 권설(捲舌)로 순판 밑둥과 끝에 연한 홍점(紅點)이 들어있다.

잎은 큰 잎의 중수엽(中垂葉)으로 흰 갓줄무늬(白覆輪)가 있다.

▶ 富水春

▲ 南山雪素

南山雪素(남산설소) 꽃잎 5장 모두 설백색으로 연녹색의 줄무늬가 들어간다. 참으로 맑고 산뜻한 꽃 모양이다. 순판은 순백의 권설(捲舌). 일경(一莖)에 2~3꽃이 계단식으로 피어 아름답다. 꽃대도 잘 뻗는다.

잎은 선명한 녹색으로 가늘며 중립엽(中立葉)이기 때문에 일견 사란(絲蘭)과 착각될 정도이지만 잎의 질이 비교적 단단하므로 판별은 쉽다.

번식도 좋으며 꽃눈 나옴도 좋아 더욱 인기가 높아지는 품종이다.

玉山素(옥산소) 주·부(主·副) 세 꽃잎(三瓣)은 연녹색. 꽃잎 끝이 뾰죽하여 대나무 잎과 흡사하다. 낙견(落肩). 봉심(捧心)과 권설(捲舌)의 맑고 깨끗함이 참으로 귀엽다. 꽃대는 그 꽃 모양에 조화되어 가늘고, 잘 뻗는다.

잎은 세엽성(細葉性)으로 사란 특유의 단단함을 갖고 있다.

▲ 玉山素

頌春 ▶

頌春(송춘)　일경삼화(一莖三花)의 춘한란(春寒蘭)이다. 새싹은 보라색을 띠어 극히 아름답다. 개화하면 연보라색의 속줄무늬 꽃이 된다. 순판은 순백으로 무수한 홍점(紅點)이 많이 들어있다.

　잎은 큰 잎의 반립엽(半立葉)으로 잎 밑둥이 가늘고 차츰 폭이 넓어진다.

중국 춘란을 가꾸는 포인트

가꾸는 법은 춘란과 거의 같다고 생각해도 좋을 것이다. 단, 1화(一花)보다는 9화(九花)가 벌브가 작아, 품종에 따라서는 다소 가꾸기 까다로우므로 초보자는 우선 1화부터 가꾸어보기 시작하기를 권유한다.

• **용토(用土)** 클레이볼을 위주로 해서 경질의 녹소토(鹿沼土), 적옥토(赤玉土), 모래 따위의 혼용이 일반적이다. 대, 중, 소로 각기 체로 쳐 나누고 햇빛에 충분히 건조시킨 후에 사용한다.

• **분(盆)** 검은 색 초벌구이 분이 가장 적합하다. 이것도 잘 씻어 일광소독을 하도록 한다.

• **분갈이** 2~3년에 1회 분갈이하는 것이 좋은 결과를 가져온다. 꽃눈이 올라와 있는 것은 그 꽃이 끝날 즈음에, 꽃눈이 붙어있지 않은 포기는 가을인 10월경에 실시한다.

• **포기나누기** 큰 포기로 자란 것은 포기나누기로 난분을 늘려나가는데 너무 작게 나누지 말고 최소한 2~3촉으로 나눈다.

• **배치 장소** 춘란과 거의 같다. 화분 수가 적을 때는 복도나 창가 등을 이용하면 충분하다. 즉 창을 통해서 햇빛이 드는 곳이면 이상적

●**심는 요령**

용토는 클레이볼(赤燒土)을 주로 경질 녹소토(鹿沼土)나 적옥토 등을 혼용한다.

— 팥알 크기
— 완두콩 크기
— 메추리알 크기

인데, 유리를 통해서 들어오는 햇살에도 잎이 타는 수가 있어 주의해야 한다.

중국 춘란의 알맞은 온도는 여름철에는 20℃ 안팎까지, 겨울은 8℃ 전후라 일컬어지고 있는데, 얼리지만 않으면 5℃ 이하라도 시드는 일이 없다. 오히려 주의해야 할 점은 여름인데도 실내 진열대에 그대로 배치하는 경우이다. 5월~10월 동안은

중국춘란을 가꾸는 포인트 71

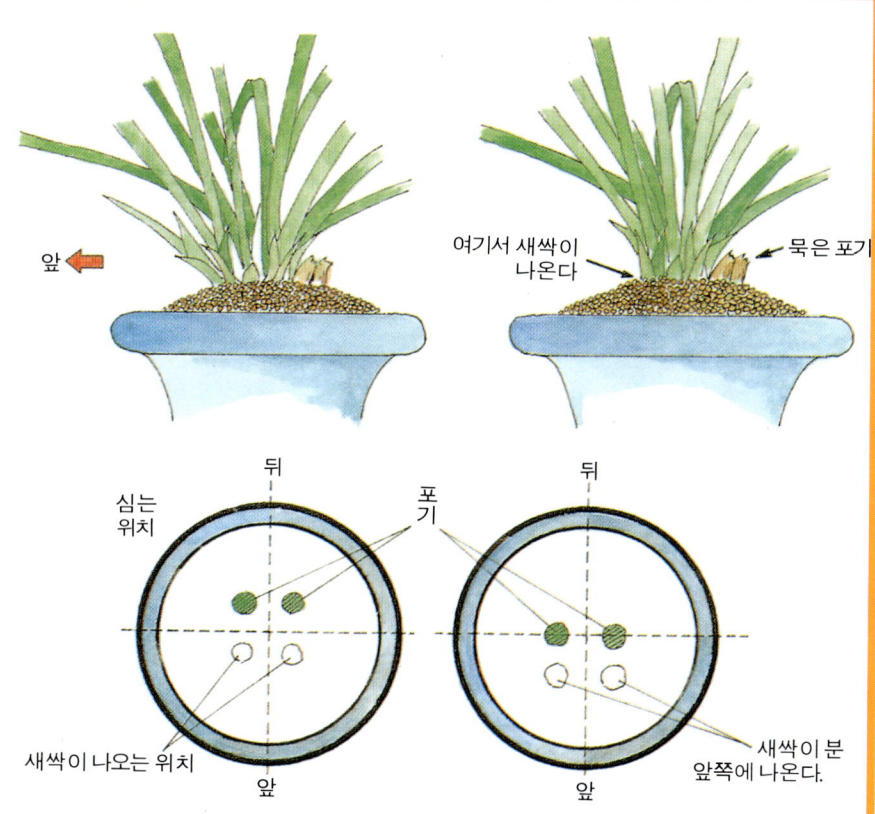

창을 충분히 개방하여 통풍을 하여, 물크러지지 않도록 하는 것이 중요하다.

● **물주기(灌水)** 분흙의 건조는 용토, 분, 날씨 등에 상당히 좌우되므로, 겉흙(表土)이 마르기 시작한 분에만 물을 준다. 물은 오전중에 주는데 여름에는 저녁 때 주도록 한다. 젖은 잎에 강한 직사 광선을 쬐면 잎이 타는 원인이 되기 때문이다. 또한 저녁 때 관수하는 것은 분흙의 온도를 저하시켜 물크러짐을 방지하는 효과도 있다.

● **비료** 비료가 없어도 생육에 영향은 없다. 그러나 극히 소량을 주면 작황이 좋아진다. 예를 들면 하이포넥스, 플랜트푸드 따위의 액비를 지정한 희석량보다 10배 이상 엷게 하여 물 대신 주면 좋을 것이다.

동양란의 대표종

▲ 慕情

한란(寒蘭)

慕情(모정) 꽃 모양은 꽃잎 끝에 약간 노란색을 띤 연분홍색의 평견(平肩)으로 핀다. 순판은 권설(捲舌)로 중심부에 크고 작은 담홍색의 홍점(紅點)이 무수히 들어 있어 관상하는 사람의 눈길을 끈다.

가는 꽃대가 잎 사이로 빠져 나오는데 꽃 색깔과 같은 색이므로 잎의 녹색과 대조적이다.

잎은 세엽성(細葉性)으로 직립엽(直立葉)이다. 선명한 녹색이 꽃 모양과 함께 전체 모습에 품위있는 인상을 준다. 모주(母株)가 되면 하얀 자국이 남는 것도 특징의 하나이다.

▲幽光

幽光(유광) 청화(青花)의 대표 품종이다. 꽃은 밝은 녹색 바탕에 흰색 갓줄무늬(白覆輪)가 있다. 또 포기에 따라 흰색 속줄무늬가 들어있는 수도 있다. 꽃 모양은 꽃 색깔과 잘 어울리며 평견(平肩)이다. 순판은 권설(捲舌)이며, 무늬가 없이 순백이면서 부드럽게 반전(反轉)했다. 그것은 한층 꽃 모양을 청초하게 한다. 이른 아침에 희미한 빛이 드는 유현(幽玄)한 골짜기에 피는 풍정을 능히 떠올리게 된다.

꽃대는 극히 가늘고 똑바로 높게 뻗는데, 그 싹나옴이 특히 아름다운 품종으로 이름 높다. 이 유광(幽光)과 같이 꽃눈에서부터 꽃이 질 때까지 오래 즐길 수 있는 꽃은 드물다.

잎은 대엽(大葉)으로 반립엽(半立葉)이다. 초장(草丈)은 그리 길지 않으나 광택이 있는 짙은 녹색이어서 아름답다.

한란을 가꾸는 포인트

심는 용토(用土)에 여러 가지 연구를 강구하는 점이 많은 한란이지만, 기본적으로는 특별히 가꾸기 어려운 점은 없다.

● **용토(用土)** 클레이볼에 모래를 혼용하는 정도가 사용하기 좋다. 산(山)모래 단용으로 배양하고 있는 사람도 있다. 어느 경우이든지 대, 중, 소의 알갱이를 체로 쳐 나누어 물에 씻은 후 햇빛에 충분히 건조시켜 사용하도록 한다.

● **분(盆)** 검은 색 초벌구이 분이 일반적으로 쓰여지고 있다. 새 분이라도 충분히 물에 씻어 일광 소독을 하도록 한다.

● **분갈이** 매년 분갈이하는 사람도 있으나, 처음에는 뿌리에 이상이 생기지 않는 한 2년에 1회 분갈이하는 것이 좋다. 분갈이의 시기는 봄·가을 두 계절인데, 진열대의 조건이 이상적이 아닌 경우는 춘분쯤에 하면 새 포기를 얼게 할 염려가 없다. 한란은 벌브의 3분의 1을 겉흙 위로 나오게 높게 심는 것이 포인트이다.

● **배치 장소** 햇빛이 잘 들고, 통풍이 좋아야 하며 비를 피할 수 있는 곳이 조건이 된다. 일광은 아침 10시경까지 충분히 쬐이게 하고,

● 심는 요령

벌브가 ⅔ 정도, 흙 속에 묻히도록 심는다.

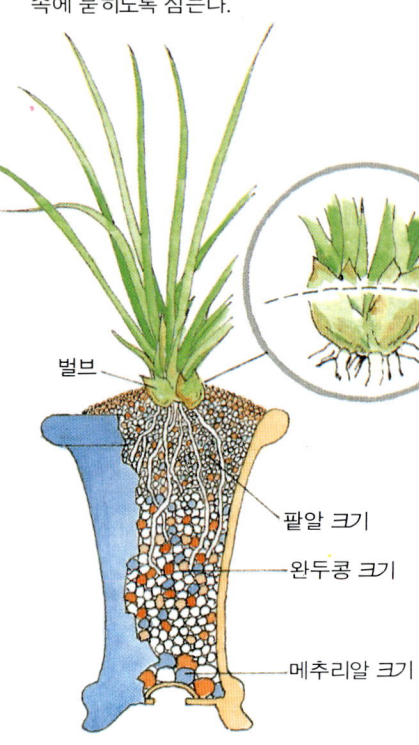

벌브
팥알 크기
완두콩 크기
메추리알 크기

이후는 발 따위로 차광해 준다.

이 세 가지 조건이 갖추어지면 옥외에서 가꿀 수가 있다. 다만 겨울철 추운 바람에 의해 분흙이 얼면 새촉 나오기가 여의치 않고, 따라서 포기의 생육도 늦어진다.

● **물주기(灌水)** 분흙의 건조 상태를 살펴 1주일에서 10일 간격으로 1회 준다. 특히 겨울철에는 받아

한란을 가꾸는 포인트 75

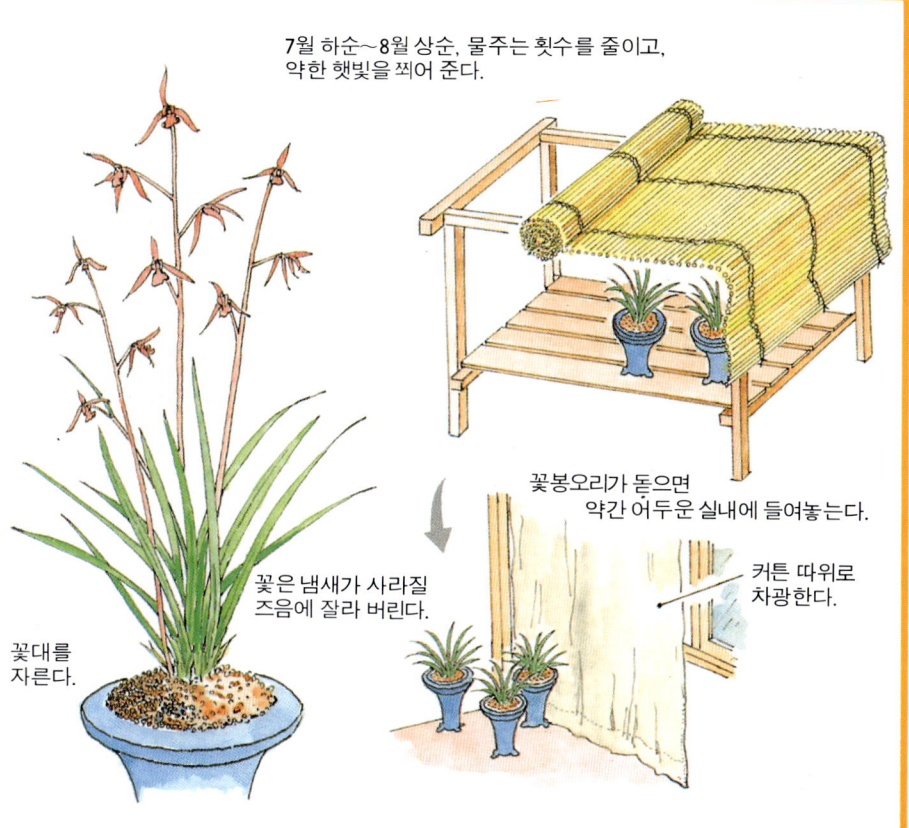

7월 하순~8월 상순, 물주는 횟수를 줄이고, 약한 햇빛을 쬐어 준다.

꽃은 냄새가 사라질 즈음에 잘라 버린다.

꽃대를 자른다.

꽃봉오리가 돋으면 약간 어두운 실내에 들여놓는다.

커튼 따위로 차광한다.

놓은 지 1~2일 지난 물을 사용하되, 분흙의 온도를 가급적 내려가지 않도록 하는 것이 중요하다.

● **비료** 비료는 아예 주지 않는 편이 무난하나, 꽃 색깔을 좋게 하기 위해서는 분갈이 후 6개월쯤 지나면 플랜트푸드나 하이포넥스 따위의 액비를 지정량보다 10배 이상 엷게 타서 주도록 하면 좋다. 벌브도 굵어지므로 다음해의 작황도 좋아진다.

● **꽃을 피게할 때는** 7월 하순~8월 상순에 물주는 횟수를 줄이고, 발 따위로 가려주어 약한 햇빛을 쬐이게 한다. 단, 서쪽으로 지는 해는 쬐이지 않도록 하는 것이 중요하다. 꽃봉오리가 있는 것은 조금 어두운 실내에 들여 놓으면 초가을부터 꽃대 신장도 좋아진다.

▲ 鶴之華

혜란(蕙蘭)

鶴之華(학지화) 광엽계(廣葉系)의 대명란(大明蘭). 광택이 있고 두터운 대엽(大葉)이므로, 잎 중간쯤에서부터 잎 끝에 약간 비틀리는 성질이 있다. 황백색의 크고 깊은 끝테무늬(爪)와 갓줄무늬(覆輪)가 주된 멋(藝). 싹 나옴은 선명한 분홍색을 띠는 것이 특징. 새 잎은 연녹색의 갓줄무늬로 황백

▲ 桑原晃

색의 속빛무늬(中透)가 나타나는 것이 보통이다. 이는 성장함에 따라 황백색의 크고 깊은 끝테무늬(深瓜)와 갓줄무늬(覆輪)가 된다.

일경다화성(一莖多花性)으로 1~2월경에 홍자색으로 꽃이 피는데 방향이 있다. 잎의 멋에 꽃을 곁드리는 희귀한 품종이기 때문에 대명란계(大明蘭系) 중에서도 특히 애호가가 많다.

桑原晃(상원황)

광엽계(廣葉系)의 보세란(報歲蘭). 폭이 넓고 두꺼운 짙은 녹엽이 참으로 힘차다. 입엽(立葉)이기 때문에 포기가 크게 될수록 잎 모습이 웅대하다.

위의 사진에서 보듯이 황백색의 속줄무늬가 섬세하게 뻗어 황홀하게 눈을 이끄는 잎의 멋(葉藝)을 즐길 수 있다. 나아가선 노란 바탕에 감색 줄무늬의 잎도 섞여 있어 멋(藝)의 변화를 주기도 한다.

보세란 중에서도 초보자에게 적합한 품종이다.

▲ 瑞晃

養老之松(양로지송) 광엽계(廣葉系)의 보세란(報歲蘭). 반립엽(半立葉)인데 잎 폭이 약간 좁다. 짙은 녹색의 깊은 갓줄무늬(深覆輪)에 노란색의 속빛무늬(中透)가 나타나므로, 「황금양로(黃金養老)」라 부르기도 하는 명품이다. 이 속빛무늬는 모주(母株)가 됨에 따라 황백색이 되는 성질이 있어 잎 모습(葉姿)을 더욱 부드럽게 보이게 한다. 「양로(養老)」에서 변화한 품종 중 특히 아름답다.

▲ 養老之松

▲ 瑞玉

瑞晃(서황) 「서옥(瑞玉)」의 변종이다. 중수엽(中垂葉)이나 약간 반립엽(半立葉)이다. 잎 끝이 오목한 노수엽(露受葉)처럼 젖혀지는 성질도 보인다. 잎의 멋(葉藝)은 감색의 깊은 끝테갓줄무늬(深瓜覆輪)에서 흰색 속빛무늬(中透)로 변한다. 서옥과 마찬가지로 널리 애호되고 있다.

瑞玉(서옥) 광엽계(廣葉系)의 보세란(報歲蘭). 중수엽(中垂葉)으로 잎 모습(葉姿)이 우아하다. 잎은 광택이 있으면서 폭이 넓은데, 끝이 날카롭게 뾰죽한 것이 특징. 감색 갓줄무늬(覆輪)에 흰색 속얼룩줄무늬가 나타나는데, 녹색과 줄무늬의 대조가 극히 아름다우며 혜란(蕙蘭) 중에서도 특히 수려한 품종이다.

▲ 鳳

▲ 蓬萊之華

蓬萊之華(봉래지화) 세엽성(細葉性). 적아소심계(赤芽素心系)의 혜란(蕙蘭)이다. 수엽(垂葉)으로 짙은 녹색 잎에 황백색 또는 흰색의 큰 얼룩무늬(虎斑)가 나타나는데, 그 갖가지 얼룩무늬가 잎 모습에 변화를 주어 즐겁게 한다.

성질은 매우 강건하여 번식력도 좋아 초보자는 이러한 혜란을 선택하면 좋다. 아름다운 진분홍색 싹이 나오는 것도 특징이다.

▲ 朝陽

鳳(봉) 세엽성(細葉性). 옥심계(玉鯰系)의 소심란(素心蘭)이다. 부드러운 곡선을 그리며 드리워지는 잎(垂葉)으로 잎 끝이 약간 둥그스름하다. 멋(藝)은 우미한 감색 갓줄무늬(覆輪)이며 황색의 속빛무늬(中透)가 들어있다. 그 잎의 멋은 어느 잎에도 흐트러짐이 없어 매우 단정한 잎 모습이다. 위의 사진에서 보듯이 고르게 쭉 뻗은 노란 줄무늬는 관상하는 사람의 마음을 부드럽게 해준다.

朝陽(조양) 세엽계(細葉系)의 옥화란(玉花蘭). 약간 폭이 넓은 수엽(垂葉)으로, 새잎은 선명한 연녹색에 흰색 갓줄무늬(覆輪)가 나타나는데, 친목(親木)이 되면 깊은 속줄무늬(深瓜)가 되며, 감색 줄무늬가 들어가 전복(轉覆)의 멋이 아름답다. 또 싹이 진분홍색을 띠고 나오는 것도 특징이다.

혜란을 가꾸는 포인트

혜란은 잎무늬(柄物)란의 총칭이라 하듯, 주로 잎 모습(葉姿)·잎의 멋(葉藝)의 변화와 정취를 즐기는 동양란이다. 갓줄무늬와 속줄무늬 등의 무늬가 아름답게 나오는 것에 따라 배양법의 양부가 결정된다.

● **용토(用土)** 클레이볼, 적옥토(赤玉土) 등을 혼용하면 좋다. 배합을 여러 가지로 연구하여 가꾸는 것도 초보자의 즐거움의 하나이다.

● **분(盆)** 열 흡수가 좋은 검은색 초벌구이 분을 사용하는 것이 보통이다.

● **분갈이** 1년에 1회 반드시 분갈이 하도록 한다. 봄·가을이 분갈이 적기인데 실내의 난 진열대가 없는 사람은 봄에 분갈이 하는 것이 안전하다.

● **배치 장소** 혜란 가꾸기의 제일 중요한 것은 되도록 오랜 시간을 햇빛에 쬐이는 것이다. 광합성(光合成)이 왕성하게 작용하는 오전중은 직사 광선을 쬐어주고 오후에는 발 따위로 가려 약한 빛이 들어오게 한다.

단, 광엽계(廣葉系)인 것은 뿌리가 가늘고 그 수도 비교적 적으므로 세엽계(細葉系)보다 빨리 차광해 주는 것이 중요하다.

● 심는 요령 겉흙(表土)은 물이끼를 높이 수북히 쌓아 덮는다.
— 물이끼
— 팥알 크기
— 완두콩 크기
— 메추리알 크기

혜란(蕙蘭)은 저온에도 잘 견디므로 분흙을 얼지 않도록 2~3℃로 유지시켜 주면 된다. 여름철에는 통풍이 좋은 곳에 두며 난 진열대 아래에 물을 뿌리거나 저녁때 엽수(葉水)를 주면 힘차게 여름을 보낸다.

● **물주기(灌水)** 겉흙(表土)이 하얗게 마르기 시작하면 주도록 하는데, 세엽계(細葉系)의 것은 광엽계(廣葉系)보다 약간 적은 듯하게 조절하는 것이 관수의 포인트이다. 어느 것이나 받아 놓은 물을 사용하

혜란을 가꾸는 포인트   83

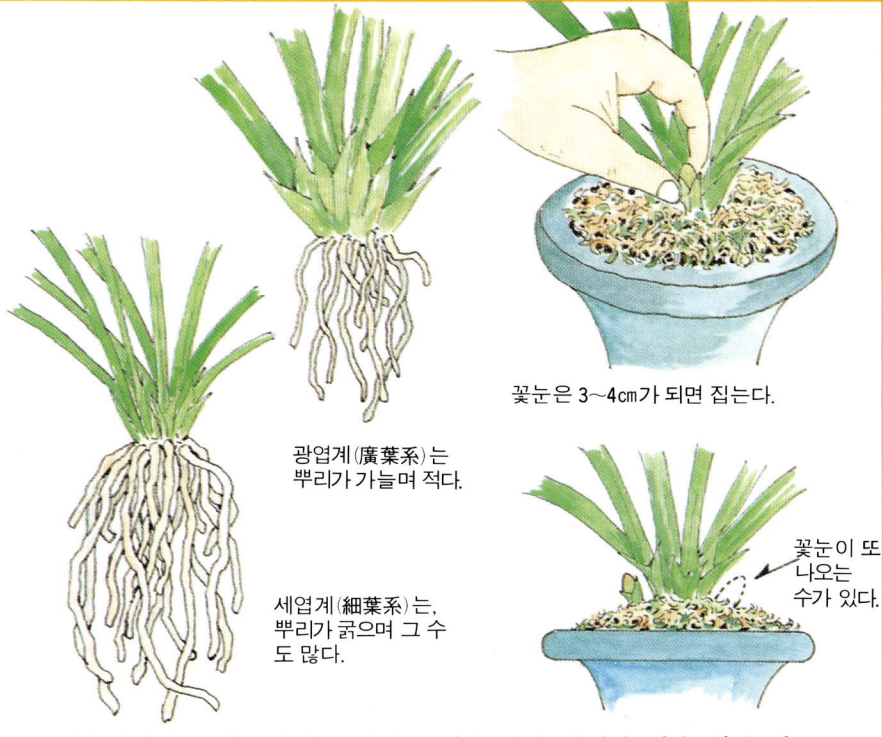

광엽계(廣葉系)는 뿌리가 가늘며 적다.

세엽계(細葉系)는, 뿌리가 굵으며 그 수도 많다.

꽃눈은 3~4cm가 되면 집는다.

꽃눈이 또 나오는 수가 있다.

면 이상적이다. 특히 겨울에는 햇볕에 쬐어 수온이 높은 물이면 더욱 좋을 것이다.

• **비료** 플랜트푸드나 하이포넥스 따위의 화학 비료를 아주 엷게 하여 5월 하순~6월 상순에 1회 주면 충분하다. 그러나 혜란도 비료에 의해 뿌리가 상하기 쉬우므로 익숙해질 때까지는 비료 없이 가꾸는 것이 무난하다.

• **꽃눈이 돋을 때는** 잎눈(葉芽)은 맨 끝이 가늘고, 꽃눈은 둥그스름하고 약간 붉은 기가 보인다. 꽃을 피게 하면 포기가 힘을 잃게 되므로, 잎의 멋(葉藝)을 즐기는 혜란에서는 바람직하지 않다. 이 꽃눈은 가급적 빨리 눈집기를 한다. 잎눈인가 꽃눈인가를 모를 때는 뻗어 나온 후 가위로 잘라버리도록 한다.

• **좋은 무늬(柄)를 내려면** 새싹의 무늬가 모주(母株)보다 좋지 않을 때는 그 새눈을 뿌리 밑둥에서 따내고 다시 새로운 눈을 나오게 하는 방법도 있다. 그러나 기대가 지나쳐 너무 적심하면 포기가 쇠약해지므로 눈집기는 1회만 하도록 한다.

▲芙蓉錦

금릉변란(金陵邊蘭)

芙容錦(부용금) 　직립엽(直立葉). 잎 모습이 폭이 넓어 매우 굳센 인상을 준다. 금릉변란 중에서 옛부터 널리 애호되고 있는 종이다.

잎의 멋은 연한 선황색의 깊은 끝테무늬(深瓜) 혹은 깊은 갓줄무늬(覆輪) 등이 시선을 끄는 데 있다. 이것이 후에 백색으로 되는 것도 특징의 하나.

변화가 매우 풍부한 점도 인기의 큰 이유일 것이다. 잎 배열도 가지런하고 넓은 잎이므로 포기를 크게 세우면 짙은 녹색과 연노랑이 호쾌하게 파도쳐 전체 모습이 멋진 조화를 이룬다.

「천대전금(千代田錦)」과 함께 끝테무늬(瓜)·갓줄무늬(覆輪)계의 대표종으로 꼽고 있다.

▲ 千代田錦

千代田錦(천대전금) 중수엽(中垂葉). 이른바 중엽(中葉)으로 약간 가늘다. 그러므로 모습은 아주 섬세하여 여성적인 부드러운 모습을 보여주고 있다. 길게 뻗는 엽성(葉性)의 매력은 큰 포기가 되어도 변함이 없어 사람들의 시선을 이끈다.

잎의 멋(葉藝)은 유백색 또는 황백색의 크고 깊은 갓줄무늬를 나타내 녹색 잎을 더욱 선명하게 하고 있다. 그 아름다운 큰 갓줄무늬(大覆輪)의 곡선은, 잎 끝쪽이 약간 비틀리면서 드리워지는 성질이 있기 때문에, 잎 멋의 운치를 깊게 하는 효과를 주고 있다.

강건하며 번식력도 좋으므로 난 가꾸기의 입문에는 이러한 금릉변란을 고르는 것도 좋을 것이다.

금릉변란 명감(銘鑑)에 최고의 지위에 등록되어 있는 끝테무늬·갓줄무늬계(瓜·覆輪系)의 일급품.

▲ 常盤錦

常盤錦(상반금) 반립엽(半立葉). 큰 잎이 우아한 선을 그리며 비스듬히 올라가므로, 과연 굳센 자태(姿態)가 된다. 포기를 크게 키운 것은 특히 호화스럽다.

잎의 멋(葉藝)은 유백색의 깊은 끝테무늬(爪)에 속빛무늬(中透) 줄무늬를 나타내는데 그 중에는 황백색의 크고 깊은 갓줄무늬도 섞여, 단조롭기 쉬운 모습을 도와주고 있다. 잎 끝의 깊은 끝테무늬(爪)가 예리한 칼 끝처럼 빛나는 모양은 아름답다. 또 잎 두께가 두터운 큰 잎이므로, 잎 중간쯤에서 뒤집히듯이 파도치는 변화도 즐거움의 하나이다. 인기의 원인은, 의외로 이러한 점에 숨어 있는지도 모른다.

배양 여하에 따라 잎 모습이 훨씬 훌륭해진다.

▲月章

月章(월장)　직립엽(直立葉). 잎이 두꺼운 큰 잎(大葉)이 가식성이 없이 곧게 올라가므로 마음이 씻기는 듯한 청량한 잎 모습이 된다. 젊은 대장부의 씩씩한 모습과도 비유된다. 장래의 뛰어나게 화려한 모습이 연상된다.

잎의 멋(葉藝)은 짙은 녹색의 갓줄무늬(覆輪)에 선명한 황금색의 속빛줄무늬(中透縞). 굵고 가는 갓가지 황금색 줄이 아름답다. 그 중에는 단순한 갓줄무늬, 속빛무늬(中透)가 섞여 있는데, 이 역시 초자(草姿)에 변화를 주어 즐거움의 요소가 된다.

금릉변란은 다른 동양란과 같이 일광의 강약에 주의할 필요는 거의 없으며, 물주는 횟수가 적어도 좋으므로 관리가 수월하다. 그런 의미에서 속빛무늬계(中透系)의 대표적 일품이라 일컫는 이 「월장」은 튼튼하여 배양하기 쉬운데다 관상 가치가 높아 초보자에게 적합한 품종이다.

금릉변란을 가꾸는 포인트

금릉변란이란, 잎의 푸른 가장자리 (綠邊)가 햇빛에 비쳐 금빛 선을 긋는 데서 나온 이름이다.

금릉변란은 다른 동양란에 비해 직사 광선에 강하며 또 0℃ 가까운 추위에서도 견디는 특징이 있다. 특히 초보자를 위한 종류라 말할 수 있다.

- **용토(用土)** 물이끼(水苔)의 단용과 마사토로 심는 두 종류가 있으나 길게 뻗는 잎 모습을 위해, 물이끼로 가꾸는 사람이 많은 것 같다.

물이끼는, 심기에는 길고 부드러운 양질의 이끼가 이상적이다.

- **분(盆)** 일반적으로 흑색의 초벌 구이 분이 가장 많이 쓰여지고 있다.

- **분갈이** 3월 중순~4월 중순이 알맞은 시기이다. 1년에 1회 분갈이 하는 것이 보통이다. 특히 물이끼로 심은 포기는 새로운 물이끼로 갈아 주도록 한다.

- **포기나누기** 금릉변란은 가급적 큰 포기로 키우는 것이 잎 모습·잎의 멋(葉藝)을 살리게 되므로, 다른 종류보다 포기를 나누지 않는 것이 좋다.

포기나누기의 경우는 분갈이와

● 심는 요령

― 물이끼

― 메추리알 크기의 용토

이끼로 심는다.

포기나누기를 할 때는 잘 드는 커터 따위로 나눈다.

동시에 하는데 모주(母株)와 완전히 분리시키지 말고 3촉 이상으로 하는 것이 포인트이다.

- **배치 장소** 일조, 통풍 모두가 좋아야 함이 조건인데, 오전중의 햇빛이 충분하면 오후는 그늘이 드는 곳에서도 키울 수가 있다. 여름의 서쪽으로 기우는 햇빛은 금물이므로 발을 2장 정도 가려 차광하도록 한다.

- **물주기(灌水)** 1~2일에 1회 흠뻑 주도록 한다. 물이끼는 너무

금릉변란을 가꾸는 포인트 89

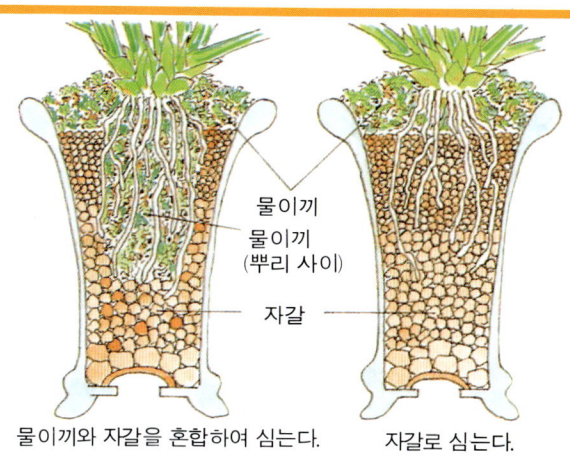

물이끼와 자갈을 혼합하여 심는다.   자갈로 심는다.

둘 다 3촉 이상되게 한다.

마르면 여간해서 물을 빨아들이지 못하는 성질이 있으므로 만약 겉흙(表土)이 하얗게 될 정도로 말랐을 때는 양동이 따위에 물을 받아 물 속에 분째 30분 이상 담가두어 물을 충분히 흡수시키도록 한다.

• **비료**　다른 동양란보다 비료에 강한 편이지만 역시 소량을 시비하는 편이 안전하며 시들 염려가 없다.

• **꽃눈이 돋을 때는**　가을에는 다음해의 꽃눈이 붙게 되는데, 꽃눈이 돋아났을 때 적심하는 것이 좋을 것이다. 꽃대의 길이에 따라 가위로 잘라버린다.

• **좋은 무늬를 내려면**　힘차게 자랐으면 1촉의 모주(母株)에서 2~3촉 돋아 나온다. 그 중에는 모주가 속줄무늬인데 무늬가 없는 경우도 있다. 그런 때는 5월경에 뿌리 밑둥에서 집어 따내, 다시 새촉을 나오게 하도록 한다. 7월 상순에 물주는 횟수를 줄이는 것도 무늬를 내는 한 방법이다.

90 동양란의 대표종

◀紅雀　　　　　　　　　　　　　　　　　　▲金鶴

석곡(石斛)

紅雀(홍작)　잎 두께가 얇은 가는 잎(細葉)으로 잎 끝은 약간 뾰죽하며 처지는 듯한 점이 특징이다. 또 연노랑색의 속얼룩무늬(中斑)가 나타나, 잎에 따라서는 아름다운 분홍색을 띤다. 새잎이 약간 비틀려 나오는 성질이 있다. 줄기(軸)는 은은한 갈색. 가련한 잎 모습 때문에 인기 있는 품종이다.

▲ 紅木田

金鶴(금학) 가는 푸른 잎에 황금색의 속빛무늬(中透)가 나타나는 모양은 「홍목전(紅木田)」과 아주 비슷하나 맑은 황갈색의 줄기(軸)를 갖는 점이 다르다. 또 속빛무늬(中透)의 색이 「홍목전(紅木田)」보다 약간 진하다.

紅木田(홍목전) 가늘고 긴 녹색 잎에 황금색의 속빛무늬(中透)가 아름답다. 줄기(軸)는 사진과 같이 연녹색 전체에 섬세한 인상을 주는 초자(草姿)로 널리 인기가 있는 품종이다. 성질도 매우 튼튼하여 초보자도 가꾸기 쉬운 장점이 있다. 「금학(金鶴)」의 원종, 상쾌한 흰꽃이 핀다.

92 동양란의 대표종

◀ 於多賀黃覆輪

▲ 紅小

紅小町(홍소정) 잎은 약간 가는 타원형으로 눈을 사로 잡을 듯한 황금색의 속얼룩무늬(中斑)를 나타낸다. 새싹과 새잎이 아름다운 분홍빛을 띠므로 이 명칭이 붙은 가련한 인기종. 새로운 줄기(軸)는 윤기있는 황백색인데 차츰 노란색이 강해져, 줄기가 오래되면 자갈색을 띠게 되므로 그 변화가 또한 눈을 즐겁게 해준다.

於多賀黃覆輪(어다하황복륜) 잎은 광택이

▲ 金牡丹

있고 두꺼운 둥근 잎(丸葉)으로 황색빛이 강한 선명한 갓줄무늬(覆輪)이다. 줄기(軸)는 굵고 짧은 가마니 모양으로, 줄기(軸)가 오래됨에 따라 자갈색이 되어 또 다른 정취가 깊어진다. 초자(草姿)는 5~6센티밖에 안되는 소형종으로 번식력도 강하며 재배도 수월하므로 초보자에게 적당한 품종으로 꼽고 있다.

金牡丹(금모란) 잎이 두꺼운 타원형의 푸른 색에 황색빛이 강한 갓줄무늬(覆輪)를 나타낸다. 줄기(軸)에 따라 짙은 녹색이나 연녹색의 잎이 섞여 들어가므로 변화있는 잎 모습을 즐길 수 있다. 어린 줄기(軸)는 연녹색인데, 줄기가 오래되면 회갈색을 띠게 된다.

▲ 銀龍

銀龍(은룡) 잎은 짙은 녹색의 타원형으로 흰색에 가까운 연노랑색의 갓줄무늬(覆輪)를 나타낸다. 이에 반하여 「금룡(金龍)」의 갓줄무늬는 황금색. 줄기(軸)는 처음에는 황녹색으로 줄기가 오래된 것은 연갈색을 띠어 초자(草姿)에 은은한 맛을 가미한다. 성질도 강하고 번식력도 매우 좋은 초보자용의 품종이다.

富士丸(부사환) 잎은 광택이 있는 소형의 타원형으로 약간 파도친다. 잎 색깔은 조금 옅은 황녹색으로 연노랑 또는 흰색의 속빛무늬(中透)를 나타낸다. 또한, 새촉일 때는 엽맥(葉脈)이 분홍색을 띠어 멋이 다양한 품종이다. 마디 사이는 짧으며 줄기가 오래되면 자갈색을 띠게 된다. 초자(草姿)에 극히 변화가 많은 인기종이다.

大同縞(대동호) 약간 둥그스름한 타원형의 잎은 노랑 또는 황백색의 선명한 속줄무늬를 나타낸다. 그 줄무늬는 획일적이지

▲富士丸　　　　　大同縞▶

않고 갖가지 변화를 보이므로 눈을 즐겁게 해 준다. 줄기(軸)는 굵고 다갈색을 띤다. 마디 사이는 약간 짧다.

96 동양란의 대표종

▲ 昭代

▲ 紫宸殿

昭代(소대) 잎은 짙은 녹색, 약간 소형의 타원형으로 황백 또는 흰색 갓줄무늬(覆輪)를 나타낸다. 담자홍색(淡紫紅色)의 줄기는 가늘며 마디 사이도 길다.

紫宸殿(자신전) 잎은 타원형으로 잎 끝이 약간 굽어져 때로는 검엽(劍葉)을 보이는 수가 있다. 녹엽에 황백의 속얼룩무늬(中斑)을 나타낸다. 줄기는 가늘며 맑은 황갈색으로 아름다워서 귀품으로 꼽는 품종으로 인기가 높다.

蜀光錦(촉광금) 잎은 타원형으로 두께가 얇고 새눈은 연홍색으로 갓줄무늬(覆輪) 모양에 홍색을 띠는 가련한 품종이다. 녹엽이 되면 연분홍색의 참깨 모양의 얼룩무늬(胡麻斑)가 나타난다. 줄기는 가늘며 처음에는 홍색, 차츰 자홍색에서 자갈색이 된다. 여성 애호가가 특히 많은 중형종(中型種).

天賜丸(천사환) 잎은 둥그스름한 타원형으로 약간 두껍다. 황백색의 속줄무늬나 속얼룩

▲ 蜀光錦　　　　　　　　　　　天賜丸 ▶

무늬(中斑)를 나타낸다. 줄기는 굵고 짧다. 처음은 흰색, 차츰 황금색이 된다. 황갈색 줄기의 대표 품종이다. 초자(草姿)는 소형인데다 번식력이 좋으므로 좁은 베란다 등에 매달아 즐기기에 적합하다.

98 동양란의 대표종

▲ 紫金城

▲ 黑牡丹

紫金城(자금성) 잎은 윤기 있는 타원형으로 약간 짙은 녹색의 무늬 없는 잎이다. 초자(草姿)는 상쾌한 인상을 준다. 줄기는 보통 크기이며 보라색을 띠는 진품으로 이름이 높다.

黑牡丹(흑모란) 폭이 넓은 잎은 두께가 두텁고, 전체적으로 크게 물결치는 모습에 특징이 있다. 속얼룩무늬(中斑)는 가느다란 황백색을 띠어 아름답고, 변화가 매우 풍부하므로 널리 애호되고 있다. 줄기는 황갈색으로 줄기가 오래됨에 따라 회갈색이 된다.

天女冠(천녀관) 잎은 광택이 있는 타원형으로 잎 끝이 조금 드리워진다. 뚜렷하게 나타나는 속얼룩무늬(中斑)가 특히 아름답다. 줄기는 약간 굵고, 투명한 황백색의 소형종이다. 번식력이 좋고, 재배하기 쉽다.

金兜(금두) 잎의 길이가 2~3cm인 소형종으로 짙은 녹색에 황백색의 속빛무늬(中透)를 나타낸

석곡 99

▲ 天女冠

金兜 ▶

다. 새잎이 속줄무늬 모양으로 홍색을 띠는 모습이 더욱 가련해 보인다. 줄기는 담갈색으로 마디 사이가 짧고 귀여운 초자(草姿)가 된다.

석곡을 가꾸는 포인트

● 심는 요령

잎의 모습(葉姿)·잎의 멋(葉藝)이 풍부한데다, 다른 동양란보다도 소형이기 때문에 베란다나 처마 밑에 달아매어 부담없이 즐길 수 있는 것이 바로 석곡(石斛)이다.

- **용토(用土)** 물이끼(水苔 또는 山苔)만을 사용하나, 풍란(風蘭)과 마찬가지로 목탄을 심(芯)으로 하는 경우와 물이끼만으로 공동(空洞)을 만들어 심는 경우가 있다. 또한 분 밑에 엄지손가락 크기의 숯 조각을 깔아두어 배수·통풍을 꾀하는 등의 여러 가지 방법이 있다.

- **분(盆)** 초벌구이의 소형 난분이 일반적으로 사용되는데, 취향을 달리해서 헤고판(板)에 심거나 또는 분재용 분에 심기도 한다.

- **분갈이** 매년 1회 3월~4월에 분갈이한다. 우선 뿌리 사이에 수태를 채우고 주위를 긴 이끼로 감싼다. 겉흙은 분 가장자리보다 높게 산 모양으로 솟구쳐 올려 배수가 잘 되게 심는 것이 포인트이다. 너무 단단하게 수태를 채우면 배수·통풍도 나빠지므로 주의하도록 한다.

- **포기나누기** 4월이 되면 뿌리 밑둥에서 새싹이 돋아나오며 이와 거의 동시에 발근한다. 이 새 뿌리가 어느 정도 생장하면 포기를 나눌 수가 있다. 어린 포기를 잘라낼 때는 커터나 면도날 따위의 예리한 칼을 사용하는데, 모주(母株)를 상하지 않도록 조심스럽게 다룬다.

- **배치 장소** 겨울철 이외는 옥외에서 가꿀 수가 있다. 햇빛이 잘 들고 바람이 잘 통하는 곳이면 이상적이다. 3월~6월은 햇빛을 충분히 쬐어주고 6월 중순부터 오후에는 발 따위로 차광하는데 장마 때는 비를 맞히지 않도록 비닐을 덮어

분 밑에는 숯 조각을 깔아도 좋다.

물이끼

비닐망사

공동(空洞)

물이끼는 너무 단단하게 채우지 말 것.

석곡을 가꾸는 포인트

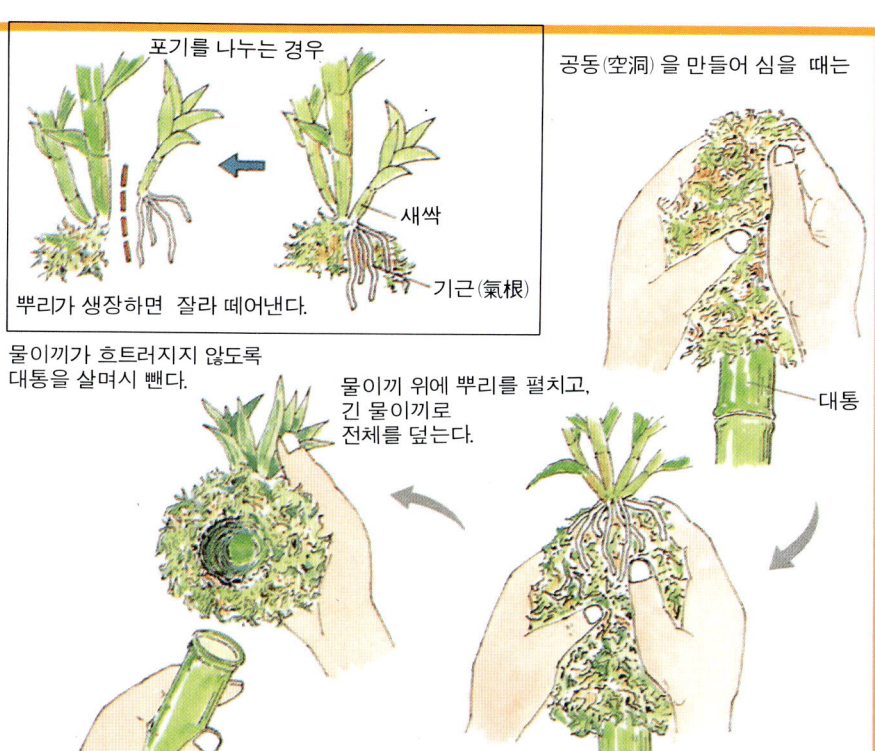

포기를 나누는 경우
새싹
기근(氣根)
뿌리가 생장하면 잘라 떼어낸다.

공동(空洞)을 만들어 심을 때는

물이끼가 흐트러지지 않도록
대통을 살며시 뺀다.

물이끼 위에 뿌리를 펼치고,
긴 물이끼로
전체를 덮는다.

대통

주도록 한다. 진열대의 높이는 50~70cm 정도로 한다.

분 수가 적을 경우는 난 걸침틀을 이용해도 좋으며 또는 처마 밑에 매달아도, 또 다른 풍정을 맛볼 수가 있다. 겨울철은 실내로 들여놓아 얼지 않을 장소에 두면 따로 가온할 필요가 없다.

• **물주기(灌水)** 3월~10월은 1일 1회 흠뻑 준다. 겨울철은 물이끼가 완전히 마르지 않을 정도의 습기를 유지하면 좋은데, 지나친 다습은 피하는 것이 안전하다. 추위에도 잘 견디는 품종이지만 자주 얼게 하면 뿌리가 상해, 시들지 않는 경우라도 다음해 생육이 매우 나빠진다.

• **비료** 비료 없이도 잘 자란다. 난 가꾸기에 익숙해질 때까지는 오히려 시비하지 않는 편이 좋다.

비료를 줄 경우, 플랜트푸드나 하이포넥스 등의 화학 비료를 아주 엷게 타 분갈이 후 1개월 지날 무렵에 1회 주면 충분하다.

▲慶賀

풍란(風蘭)

慶賀(경하) 직립엽(直立葉)의 중형종. 잎 폭은 넓는 편이고 잎 두께는 두텁다. 잎 표면은 푸른 부분보다 황백색인 부분이 많다. 즉, 흰 바탕에 녹색의 흩어진 얼룩속줄무늬(斑縞)를 나타내는 것이 보통이다. 속줄무늬란(縞物)이라 하면 흰 줄무늬, 노란 줄무늬가 보통인데, 이 경하(慶賀)의 경우는 푸른 속줄무늬(青縞)라 하는 것이 적합하다. 과연 고전적인 아름다움이 넘치는 풍란으로서, 끈질긴 인기를 유지하고 있다. 특히 잎 기장이 길어 포기가 커질수록 품격이 차츰 더해 간다.

이 경하에 흰색 갓줄무늬(覆輪)가 나타나는 품종이 있어 「경하복륜(慶賀覆輪)」이라 부르고 있는데 경하와 함께 귀품있는 모습을 즐기고 있다.

▲ 御簾影

御廉影(어렴영) 반립엽(半立葉)의 중형종. 잎 기장은 보통이나 잎 쪽은 비교적 넓다. 풍란 중에서는 수수한 편에 속하지만 깊은 녹색 잎 표면에 은은하게 보이는 감색과 노란 속줄무늬는 초자(草姿)의 차분한 풍정과 아름다움을 자아내고 있다. 어두움에 감추어지는 것을 예찬하는 것은 아니지만, 숨음의 미(美)를 추구하는 동양인의 전통적인 미의식에 대응해 주는 난이라 말할 수 있다.

풍란 중에서도 특히 잎의 뻗음새가 아름답다. 그 잎이 그리는 선은 부드러운 호(弧)를 그리는 월형(月型)으로 빼어난 잎 모습과 더불어 보는 사람에게 청량감을 준다. 여러 포기를 심으면 더욱 모습의 깊이가 더할 것이다.

▲ 織姫

織姫(직희) 잎 기장은 보통인데 그 이름과 같이 약간 날씬한 아가씨의 맵시이다. 잎 밑에서부터 끝까지 흐르는 듯한 속줄무늬가 눈길을 끈다.

天惠覆輪(천혜복륜) 직립엽(直立葉)의 중형종. 「어성복륜(御城覆輪)」에서 변화한 것이라 한다. 이 황금색의 갓줄무늬는 매우 선명하며, 때로는 넓게 있어, 온통 황금색 잎으로 보이는 것도 있다. 인상이 강렬하기 때문에 매우 인기있는 중급품이다.

水晶覆輪(수정복륜) 잎의 폭은 좁은 편이나, 기장은 상당히 긴 것도 있다. 흰색에 가까운 뚜렷한 갓줄무늬(覆輪)가 돋보여 맑고 깨끗한 인상을 준다. 특징으로는 갓줄무늬 부분의 잎 두께가 다소 얇은 점이다. 그 때문에 더위나 추위에 좀 약한 듯하다. 다른 종류보다는 직사 광선에 특히 주의해야 한다. 그러나 반면, 짙은 잎의 녹색과 갓줄무늬를 보다 아름답게 내려면 햇볕

▲天惠覆輪

에 쬐이는 것도 중요하므로 그 가늠이 까다롭다. 번식력은 별로 좋은 편이 아니다.

水晶覆輪 ▶

106 동양란의 대표종

◀ 東出都　　▲ 西出都

西出都(서출도)　약간 반립엽(半立葉)의 중형종. 짙은 녹색의 두꺼운 잎에 흰 갓줄무늬(覆輪)를 나타내는데, 강약이 있고 길게 들어 있기도 한다. 그 액센트가 오히려 재미있는 맛을 자아낸다.
성질은 강건하고 번식력도 좋아 풍란 입문에 적당한 품종이다.

▲雪山

東出都(동출도) 잎 폭은 좁으며 다소 처지는 듯한 반립엽(半立葉)의 소형종. 연녹색 잎에 흰 갓줄무늬(覆輪)를 나타내는데 차츰 누르스름한 갓줄무늬가 되어, 전체에 차분한 모습(葉姿)이 되는 것이 바로 풍란의 특징이다. 노란색 갓줄무늬인 것을 「호동복륜(湖東覆輪)」이라 부르기도 한다.

雪山(설산) 반립엽(半立葉)의 소형종. 잘 정돈된 짙은 녹색 잎에 선명한 얼룩무늬(虎斑)가 나타난다. 그 대조가 매우 아름다워 판화(版畫)의 소재로 이용한 것이 많으며, 그것이 관상 대상이 된다. 성질이 강건하므로 현재는 비교적 많이 출하되고 있다. 초보자용의 품종.

▲ 青海

青海(청해) 짙은 녹색의 두터우면서 작은 극소형종. 접어 갠 것처럼 굽어져 홈이 깊다. 난 모습이 포개지는 파도의 풍정을 나타내므로 이 명칭이 생겼다. 극히 소형이므로 「소파청해(小波青海)」라 부른다. 산형(山型)으로 심는다. 꽃은 연분홍색으로, 흩어져 피는 꽃 맵시가 또한 즐겁다. 인기 높은 잎 변화계종(葉變花系種)으로 번식력도 좋아, 3포기 정도 심어놓은 분은 볼만하다.

玉金剛(옥금강) 작은 잎이지만 잎 모양새는 크다. 두께가 두터운 잎이 직선적으로 빈틈없이 옆으로 뻗어나온 모습은 누가 보아도 매우 힘차, 그 이름에 어울린다. 소형이지만 포기 나옴이 증가함에 따라 한층 매력이 더해지는 부귀란이다. 번식력도 매우 왕성하므로 초보자도 재배하기 쉬운 품종이다.

朝鮮鐵(조선철) 직립엽(直立葉)의 소형종. 평견(平肩)의 잎이 예리하며 전체가 짜여진

▲ 玉金剛

朝鮮鐵 ▶

자태를 띠는 것이 특징이다. 심기는 편편히 또는 산형(山型)으로 심기도 한다.

풍란을 가꾸는 포인트

풍란은 가장 오랜 역사를 갖고 있는 난이다. 현재, 원종에서 잎 변화를 한 속줄무늬(縞), 갓줄무늬(覆輪), 얼룩무늬(虎斑) 등 대충 150종의 품종이 있다. 5월경에 잎과 잎 사이에서 새 뿌리가 발생하여 분 가장자리까지 뻗어 나온 모습 등은 과연 착생란(氣根植物)답다.

● **용토(用土)** 수태와 목탄을 사용하는 것이 보통이다. 화분 중심에 놓는 숯 부분을 공동(空洞)으로 하는 경우도 있다.

물이끼는 되도록 길고 부드러운 양질의 것을 고르도록 한다.

● **분(盆)** 일반적으로 초벌구이의 풍란분(風蘭盆)을 사용한다. 수태로 높이 심기 때문에 몸통이 긴 난분(蘭盆)은 적합하지 않다.

● **분갈이** 3월 하순, 새 뿌리가 움직이기 시작하는 조금 전이 적당한 시기이다. 늦어지면 소중한 뿌리를 부러뜨리거나 상하게 하는 수가 있으므로 일찌감치 분갈이하는 편이 좋을 것이다.

● **포기나누기** 잎 사이에서 돋아난 새싹은 드디어 뿌리를 내린다. 2년 정도로 잎이 4~5장이 생긴 포기에 생장하므로, 이것을 포기나누기 한다.

● 달아매기

달아맬 틀은 손수 만들어도

여름엔 발 따위로 덮어, 직사 일광을 쬐이지 않도록 한다.

분갈이한 것이나 포기나누기를 한 분도, 10일 정도는 통풍이 좋고 햇빛이 들지 않는 곳에 두어, 그 후 서서히 따뜻한 햇빛에 익숙해지도록 한다.

● **배치 장소** 특히 잎무늬란(柄物)은 일광, 통풍이 충분한 장소가 필요하다. 풍란은 지면에서 떨어질 수록 튼튼하게 자란다. 분 수가 얼마 안되면 처마 밑이나 베란다 등에 매달아 키워도 좋을 것이다. 여름철

풍란을 가꾸는 포인트

● 심는 요령

물이끼

목탄

풍란(風蘭) 분

목탄을 심으로 하여 물이끼로 감싼다.

물이끼 위에 뿌리를 펼치고, 다시 물이끼로 덮는다.

목탄   숯

은 발 따위로 차광하며, 겨울철은 복도·창가·테라스 등에 얼지 않을 정도의 곳에 두면 좋다.

● **물주기(灌水)** 3월~6월까지 충분히 물을 주고, 장마철로 접어들면 물주는 횟수를 많이 줄이도록 한다. 7월~9월은 다시 보통으로 주며, 10월부터 서서히 줄이고, 12월~2월의 휴면기에는 건조한 듯이 준다. 겨울에 습도가 많으면 얼기 쉽기 때문에 주의해야 한다. 풍란은 잎이 조금 오그라들 정도로 물을 줄여도 고사하는 일은 없다.

● **비료** 일조와 통풍이 좋고, 물주는 방법만 적절하면 충분히 키울 수 있다. 그러나 잎 무늬를 보다 아름답게 내기 위해서는 비료를 주는 것이 좋은 점은 확실하다. 지나치게 엷다 생각될 정도의 액비를 관수 대신 주도록 한다. 화학 비료의 액비라면 지정한 양보다 10배 이상 희석하는 것이 중요하다.

동양란의 주요 용어

검엽(劍葉) 잎 끝이 검(劍)과 같이 가늘고 날카롭게 뾰죽한 잎.

긴변(緊邊) 꽃잎의 맨 끝이 안쪽으로 걷어올린 듯한 상태를 말함.

권설(捲舌) 순판이 자연적으로 처지는데, 중간쯤에서 안쪽으로 말려들어가는 것. 순판 밑둥에서 크게 말리는 것을 '대권설(大捲舌)'이라 한다.

나중무늬(後天性) 새싹일 때는 선명한 무늬가 없다가(극단의 경우는 무늬가 없음) 자라남에 따라 무늬가 나타나 산뜻해지는 것.

낙견(落肩) 평견과 삼각형의 모양으로 부판(副瓣) 좌우가 다소 처져 있는 것.

노랑이(幽靈) 엽록소가 전혀 없는 흰색이나 황백색의 잎 또는 싹을 말함. 새싹일 때는 밑둥에서 잘라 떼내고, 다시 싹을 발생시킨다.

매판(梅瓣) 밖의 세 꽃잎(三瓣)이 매화 꽃잎의 형태로, 봉심(捧心)에 투구가 있고, 설판은 단단하며 납작한 것.

먼저무늬(先天性) 산뜻한 무늬가 선천성인 것을 말하며, 새촉이 돋기 시작할 때부터 선명한 무늬를 보인다. 다 자란 후에도 무늬의 성질이 달라지지 않는다.

삼각형 주판(主瓣)과 부판(副瓣)의 맨 끝을 연결하면 정3각형이 되는 것.

모주(母株) 만 2년째를 맞이한 포기. 새싹을 발생함. 새로 성장한 포기는 새촉(新木)이라고도 한다.

비두(鼻頭) 두 개의 봉심(捧心) 사이에 있어 향기를 발산하는 부분을 말한다. 꽃술.

비견(飛肩) 부판(副瓣 : 아래 두 꽃잎) 좌우가 위로 올라간 것.

새촉(新木) 새로운 싹이 성장하여, 다음해 새촉이 뻗을 때까지는 새촉이라고 한다.

봉심(捧心) 2개의 내판(內瓣)을 말함. 이것은 주판(主瓣)의 기부에 있어 꽃술을 감싸는 꽃잎으로, 보통은 안쪽으로 말려 있어, 이 말린 부분을 투구(兜)라 한다.

소심(素心) 설판에 붉은 색이나 점이 없는 순색을 소심이라고 하고, 부판 모두 흰 빛깔인 꽃을 '백화소심'이라고 한다.

수선판(水仙瓣) 밖의 세 꽃잎(三瓣)

의 끝이 뽀죽하여 수선화 꽃잎과 흡사하며 봉심에 투구가 있고, 설판은 처지는 것을 말한다.

얼룩줄무늬(斑縞) 잎 전체에 극히 가는 줄무늬가 들어간 것.

평견(一文字) 부판(副瓣) 좌우가 수평으로 된 것.

잎무늬(柄) 무늬에는 화려한 무늬, 수수한 무늬, 한쪽무늬, 속무늬, 갓무늬가 있다. 잎에 나타난 줄무늬나 갓줄무늬(覆輪), 얼룩무늬(虎斑) 등의 모양을 잎무늬라 부르며, 무늬가 좌우 한쪽으로 치우친 경우는 한쪽무늬(片柄)라 한다. 또 새촉의 모주(母株) 안쪽에 무늬가 많은 것은 속무늬(內柄), 그 반대편의 무늬가 많은 것은 갓무늬(外柄)라고 한다.

잎의 멋(葉藝) 잎에 나타나는 무늬의 멋을 엽예(葉藝)라고도 한다. 특히 잎무늬란(柄物)의 경우에 쓰이는 용어이다. 꽃이나 잎에 나타난 줄무늬(縞), 갓줄무늬(覆輪), 얼룩무늬(虎斑), 중투(中透 : 가운데 무늬 또는 속빛무늬) 등의 변화나 그 품종의 특징.

전복예(轉覆藝) 생장함에 따라 다른 특징(멋)을 나타내는 것. 자태가 변화하기 때문에 귀중 품종으로 취급된다.

절학(折鶴) 마치 학의 머리처럼 꽃잎 끝 부위가 안쪽으로 꺾이는 것.

하화판(荷花瓣) 밖의 세 꽃잎(三瓣)이 연꽃 모양으로 꽃잎이 넓고 봉심에 투구가 없는 것. 즉, 하(荷)는 연꽃과 같이 맨 끝이 말려들어간 것이다.

설판(舌瓣) 중앙부에 드리워 내려진 안쪽 꽃잎(內花瓣)의 하나이다. 이것은 마치 사람의 혀에 견주어 말하는 것으로 큰 것은 하품(下品)이며, 둥글고 짧은 것이 좋은 것이다.

후암(後暗) '나중 흐림'이라고도 한다. 새 잎일 때는 아주 아름다운 무늬를 지니고 있는 듯이 보이는데, 성목이 될수록 무늬가 선명하지 못하며, 때로는 녹색이 진해져 무늬가 엷어지고 녹색 바탕이 된다.

고전에서 찾아본 사계절 난 가꾸기

《蕙蘭同心錄》에서

1월
又是春風月建寅
暖房安置倍留神
向陽窓格勤宵開
不使寒侵到曙晨
또 봄바람 불어오니 1월이라
따뜻한 방에 두고 더욱 마음을 쏟아라
햇빛이 드는 창문 가까이에 놓고 열어두며
밤에는 꼭 닫아 찬기운이 새벽까지 침입 못하게 할지니라
(七言絶句 寅·神·晨은 平聲 眞韻)

2월
杏花春意鬧枝頭
喜覩幽芳漸漸押
簷下避霜更防凍
惜花時動夜寒愁
살구꽃 봄따라 가지 끝에 피니
그윽한 향기 날로 돋는 것 기뻐라
처마 밑에 서리를 피해 얼지 않게 할지니
꽃을 아껴 때때로 밤 추위에 잃을까 시름한다
(頭·押·愁는 平聲 尤韻)

고전에서 찾아본 사계절 난 가꾸기　115

3월
淸明時節雨如絲
濕透苔痕蕊長時
防悶更移宜爽處
臨簷猶禁朔風吹
淸明에 보슬비 자주 내려
습기가 배어 이끼의 흔적이 보이면 꽃 수술 자랄 때니
갑갑하지 않게 시원한 곳으로 옮겨 놓고
처마 밑에 그대로 둔다면 북풍(朔風)을 막아 주어라
(絲·時·吹는 平聲 支韻)

4월
蕙蘭開罷又淸和
漸覺陽驕奈麗何
整頓護花障簾架
半陰爭比竹林窠
난 꽃 피고 날씨도 화창하다
점점 햇빛 강해지니 기운찬 모습이 어찌 아름답지 아니한가
정돈된 꽃을 계속 유지하려면 발이나 시렁으로 햇빛을 가려주는데,
반그늘은 대나무 숲과 비교해 보아라
(和·何·窠는 平聲 歌韻)

5월
霉雨連朝長翠莖
舊葉又見子芽萌
陰時天氣宜珍護
莫使驕陽漏竹棚
비(매실이 익을 무렵에 오는 장마)가 연일 내려 푸른 줄기 자라고
묵은 잎에서도 새싹이 돋아나네
날씨 흐리고 갬에 따라 잘 보살피고
강한 햇빛이 대난간 사이로 새어들지 못하게 하라
(莖·萌·棚은 平聲庚韻)

6월
暑浸中庭熱不消
重簾晨蔽夜方挑
明年花信胚胎始
謹愼還宜草汁澆
더운 기운이 뜰에 스며들고 열이 식지 않으니
아침에 발을 겹쳐서 덮고 밤에 걷으라
내년 꽃 소식을 머금기 시작하니
삼가히 화초에 적당히 물을 주어라
(消·挑·澆는 平聲 蕭韻)

7월
涼風乍動暑猶薰
泥燥留心灌漑勤
得氣蕊應先出土
計時不必定秋分
서늘한 바람 언뜻 불어도 더위는 호히려 무덥구나
흙 마를까 주의해서 자주 물을 주고
기운을 얻으면 꽃술이 먼저 돋아날 것이오
때가 반드시 추분이라고 정해진 것은 아니라
(薰·勤·分은 平聲 文韻)

8월
桂花蒸後烈秋陽
乾涸防將根本傷
記取時逢麥殼燥
一壺淸水卽瓊漿
물푸레나무의 꽃이 진 뒤에는 가을 햇빛 강렬하니
뿌리가 마르지 않게 방비할지니
때때로 껍질이 마르거든
한 종지 맑은 물이 바로 보약이니라
(陽·傷·漿은 平聲 陽韻)

9월
木葉摧殘霜暗飛
任地夜露受風微
直看瓦上痕添薄
始置南簷納曙暉
나뭇잎 떨어지고 서리 내리며
밤 이슬 내리니 바람을 맞히지 마라
기왓장 위에 서리 흔적 보이거든
비로소 남쪽 처마 밑에 놓고 아침 햇빛 받게 하라
(飛·微·暉는 平聲 微韻)

10월
嶺梅乍放小春回
又恐暄利釀雪來
移至草堂迎爽氣
瓦盆高供小窓開
산봉우리 매화가 언뜻 피는 시월이 돌아오면
또 따뜻한 날씨가 재빨리 변하여 눈 내릴까 두렵다
초당으로 옮겨 시원한 기운 받게 하고
토분에 높게 두어 작은 창 열어두어라
(回·來·開는 平聲 灰韻)

11월
廣寒月冷仲冬交
天地無晴凍乍熱
旁午拓窓申又閉
週圍護雪更編茅
넓은 추위에 달빛 차고 한겨울이 되니
사방은 흐리고 얼음은 잠시 풀리는 듯 하니
사람이 많을 때는 한쪽에 밀쳐두고 창을 열었다 닫고
주위에는 눈 막을 띠를 엮어라
(交·茅는 平聲 肴韻, 熱은 平聲 豪韻으로 肴와 豪는 通韻임)

12월
九九常防凍不開
窓封更恐雪飛來
儻逢滴水成氷候
爐火能將春喚回
99일 동안은 동해(凍害)를 막기 위해 열지 말고
눈이 날아 들어올까 두려워하여 창을 막아라
만일 떨어진 물방울이 얼게 되거든
화롯불을 피워 봄 기운을 불러 일으켜라
(開·來·回는 平聲 灰韻)
註: 99일   동지 다음날부터 80일이 되는 날까지 사이

《藝蘭記》에서

正月安排在坎方　　정월안배재감방
離明相對向陽光　　이명상대향양광
晨婚一曬都休管　　신혼일쇄도휴관
要使蒼顔不改善　　요사창안불개선
(七言絶句, 平聲 陽韻)
정월에는 적당히 동쪽에 두었다가
해가 뜨면 빛을 향하게 하라
아침 저녁 햇빛 쬐는 것은 무방하나
푸른 빛 변치 않게 하여라.

二月栽培其實難　　이월재배기실난
須妨葉作鷓鴣斑　　수방엽작자고반
四圍揷竹防風折　　사위삽죽방풍절
惜葉猶如惜玉環　　석엽유역석옥환
(難은 平聲 寒韻, 斑·環은 平聲 刪韻)
이월에는 가꾸기가 실로 어려우니
잎에 자고새 같은 반점이 없게 하라
사방에 대나무를 꽂아 바람에 부러지지 않도록 하되
잎새 하나라도 옥과 같이 아껴라

고전에서 찾아본 사계절 난 가꾸기

三月新條出舊叢　　삼월신조출구총
花盆切忌向西風　　화분절기향서풍
提防濕處多生虱　　제방습처다생슬
根下猶嫌太糞濃　　근하유혐태분농
(叢·風은 平聲 東韻, 濃은 平聲 冬韻)
삼월에는 새싹이 묵은 떨기에서 나오니
화분은 서풍을 향하지 말라.
제방이 습하면 흔히 벌레가 생기고
뿌리에 거름이 많은 것을 오히려 싫어한다.

四月庭中日乍炎　　사월정중일사염
盆間泥土立時乾　　분간니토립시건
新鮮井水休曉灌　　신선정수휴효관
淅水時傾味最甜　　이수시경미최첨
(炎·甜은 平聲 鹽韻, 乾은 平聲 先韻)
사월에는 뜰에 햇빛이 뜨거워
분속의 흙이 삽시간에 건조해진다
신선한 샘물은 함부로 주지 말고
때때로 구정물을 주면 가장 좋다.

五月新芽滿舊窠　　오월신아만구과
綠陰深處最平和　　녹음심처최평화
此時葉退從他性　　차시엽퇴종타성
剪了之時愈見多　　전료지시유견다
(平聲歌韻)
오월은 새싹이 묵은 떨기에 가득하니
녹음이 짙은 것이 가장 좋다
이 때에 잎이 지는 것은 본성이니
잘라 주어도 더욱 많아 진다

六月驕陽暑氣加　　유월교양서기가
芬芳枝葉正生花　　분방지엽정생화
涼亭水閣堪安頓　　양정수각감안돈
或向簷前作架遮　　혹향첨전작가차
(平聲麻韻)
유월에는 강한 햇빛에 더운 기운이 더하니
향기 있는 가지에 꽃이 핀다
서늘한 정자나 물가의 누각이 좋으나
혹은 처마 앞에 가리개로 햇빛을 가려주어라

七月雖然暑漸消　　칠월수연서점소
只宜三日一番澆　　지의삼일일번효
最嫌蚯蚓傷根本　　최혐구인상근본
苦皂煎湯尿汁調　　고흡전탕뇨즙조
(消·澆·調는 平聲蕭韻)
칠월에는 비록 더위가 물러간다 하나
삼일에 한 번은 물을 주어야 한다
지렁이가 뿌리를 상하게 할까 두려우니
콩 삶은 물에 오줌을 섞어주어라

八月天氣稍覺涼　　팔월천기초각량
任地風日也無妨　　임지풍일야무방
經年汚水今須換　　경년오수금수환
却用雞毛浸水漿　　각용계모침수장
(涼·妨·漿은 平聲 陽韻)
팔월은 날씨가 서늘해지니
바람과 햇빛을 쬐는 것이 무방하되
해묵은 더러운 물은 바꾸어 주고
닭털을 물에 담귀서 써라

九月時中有薄霜　　구월시중유박상
階前簷下愼行藏　　계전첨하신행장
若生螻蟻妨黃腫　　약생루의방황종
葉灑油茶庶不傷　　엽쇄유다서불상
(平聲 陽韻)
구월에는 서리가 내리니
섬돌 아래나 처마 밑에 조심히 두어라
만일 땅강아지와 개미가 생겨 누렇게 되면
잎에 녹차 기름을 뿌리면 상하지 않는다

十月陽春煖氣回　　시월양춘난기회
來年花筍又胚胎　　내년화순우배태
幽根不露眞奇法　　유근불로진기법
盆滿尤須及換栽　　분만우수급환재
(平聲 灰韻)
시월에는 따뜻한 봄 기운이 도니
내년의 꽃순을 머금기 시작한다.
뿌리가 드러나지 않는 것이 좋으니
화분에 가득하면 바로 분갈이하여라

고전에서 찾아본 사계절 난 가꾸기 125

十一月天宜向陽　　십일월천의향양
夜間須要愼行藏　　야간수요신행장
常敎土面生微濕　　상교토면생미습
乾燥之時葉便黃　　건조지시엽편황
(平聲　陽韻)
십일월엔 기온이 내려가니 햇빛에 내놓고
밤에는 반드시 안으로 들여놓아야 한다
흙 표면은 항상 습기가 있게 하라
건조해지면 잎이 누렇게 된다

臘月風寒雪又飛　　납월풍한설우비
嚴收煖處保孫枝　　엄수난처보손지
直敎凍解春司令　　직교동해춘사령
移向庭前對日暉　　이향정전대일휘
(飛·暉는 平聲 微韻, 枝는 平聲 支韻으로 通韻)
십이월은 바람이 차고 눈이 내리니
따뜻한 곳에 들여놓고 보호할지니라
곧 얼음이 풀리고 봄이 오는 소식이 들리면
뜰 앞에 옮겨 햇빛을 받게 하라

┌─────── •편저자 소개• ───────┐
│ 경북대학교 농과대학 원예학과 졸업
│ 경북대학교 대학원 원예학과 졸업
│ 경북능금협동조합 근무
│ 斗山農業(株)근무
│ 현 : 梅蘭庭(蘭農場)경영
└─────────────────────────┘

동양란 입문

발행일 2016년 3월 10일

펴낸이 • 김철영
펴낸곳 • 전원문화사
서울시 강서구 등촌3동 684-1
에이스 테크노타워 203호
T. 6735-2100 / F. 6735-2103
등록 • 1977. 5. 23. 제 6-23호
Copyright ⓒ 1989, by Jeon-won Publishing Co.
정가 10,000 원
잘못 만들어진 책은 바꾸어 드립니다.